콕 찍어주는 인생과외

콕 찍어주는
인생과외

콕 찍어주는
인생과외

초판 1쇄 발행   2011년 12월 30일
재판 1쇄 발행   2018년 12월 10일

지은이   최인원
펴낸이   김지연
펴낸곳   몸맘얼
출판등록   2015년 3월 3일 / 제2015-000018호
주소   서울시 송파구 잠실로 62
전화   02-3406-9181
팩스   02-3406-9185
홈페이지   blog.naver.com/hondoneft
이메일   mbsbook100@naver.com

ISBN   979-11-955432-3-6

3 또 이런 것들은 어떻게 하죠?

2부 행복과외

1 최고의 스승은 자연이야, 자연에서 배워!

나는 왜 이 책을 썼나

인생에도 매뉴얼이 필요하다

냉장고, 자동차, 세탁기는 처음 사면 〈이렇게 사용하세요〉라고 쓰인 매뉴얼을 주는데 왜 사람은 처음 태어날 때 〈이렇게 살아보세요〉라고 적힌 매뉴얼을 주지 않을까? 가전제품은 쓰다가 헷갈릴 때는 매뉴얼에서 "이럴 땐 이렇게 해보세요"라고 가르쳐주는데, 왜 인생살이는 헷갈려도 찾아볼 수 있는 매뉴얼이 없는 걸까?

혹 살다가 다음과 같은 의문을 가져본 적이 없었는가.

"이 분노를 도저히 삭일 수가 없어. 어떻게 해야 이 분노를 다스릴 수 있을까?"

"도대체 방법이 없어. 이 위기를 어떻게 극복하지?"

"죄책감 때문에 너무 힘들어. 하루빨리 여기서 벗어나고 싶어."

"깨달음이란 게 뭐야? 그렇게 대단한 거라면 나도 깨닫고 싶어."

"도대체 내 인생을 어떻게 살아야 후회가 없을까?"

"인간은 왜 사는 거지? 나는 사는 이유나 의미를 알고 싶어."

"내 맘이 내 맘대로 안 돼. 누가 내게 쉽게 맘 다스리는 법 좀 가르쳐 줘."

이런 모든 질문에 더 나아가서 인생에 관한 온갖 질문에 "이럴 땐 이 렇게 살아보세요"라고 가르쳐주는 책이 있다면 얼마나 좋을까. 우리는 매뉴얼 없이 태어나지만 그렇다고 매뉴얼 없이 살기는 너무 힘들지 않 는가. 이 책의 목적은 바로 이런 '인생 매뉴얼'을 제시하는 것이다.

멘토가 필요한 대한민국

요즘 멘토mentor라는 단어를 자주 접하게 된다. 〈남자의 자격〉이라 는 프로그램에서 감성적이되 카리스마 있는 리더십을 보여 국민적 스 타가 된 박칼린은 우리 사회가 얼마나 좋은 멘토에 목말라 있는지를 잘 보여주었고, 〈위대한 탄생〉이라는 오디션 프로그램도 멘토링mentoring 이라는 차별성을 내세워 성공을 거뒀다. 출판계에서도 김난도의《아프 니까 청춘이다》라는 책이 꽤 오랫동안 베스트셀러 1위에 머물면서 우 리 사회의 멘토 갈증을 숨김없이 드러내 보였다.

요즘 극빈층과 쌍용자동차 해고노동자처럼 상처 입은 사람들부터 카 이스트 대학생과 연예인들처럼 겉으로 보기엔 아무 고민 없을 것 같은 사람들에 이르기까지 자살 소식이 끊이질 않는다. 실제로 OECD 국가 중에서 자살률이 1위(2016년 자살자 13,092명)에 이를 정도로 자살은 우리 사회의 가장 심각한 문제이다.

왜 그럴까? 산업 사회에서 지식정보화 사회로 진입하면서 새로운 삶 의 방식이 필요해졌는데 국가도, 사회도, 학교도, 그 누구도 새로운 삶의 방식을 가르쳐주지 않기 때문이다. 한마디로 급변하는 사회에서 어떻게 살아가야 할지를 모르겠다는 개인의 절망이 자살로 귀결되고 마는 것이다.

이에 나는 전반적인 '인생 매뉴얼'과 더불어, '급변하는 현시대를 어떻게 살아가야 할까'에 대한 답까지도 이 책에서 제시하고자 한다.

마음에도 조종 스위치가 있다면

"머리로는 알겠는데, 가슴으로 느껴지지 않아요."

많은 사람들이 이렇게 말한다. 좋은 말을 아무리 많이 듣고 좋은 글을 아무리 많이 읽어도 정작 자신은 변화되지 않는단다. 우리를 움직이는 것은 이성이 아니라 감정이고, 이 감정이란 것은 좀체 내 맘대로 되지 않기 마련이다.

우리 마음도 텔레비전처럼 스위치만 돌리면 켜졌다 꺼졌다 하도록 만들 순 없을까? 정말 그런 방법이 있다면 여러분도 한번 써보고 싶지 않은가. 나는 독자들에게 그런 스위치를 소개하고 그 사용법도 좀 알려주고 싶었다. 그것이 바로 일명 EFT(Emotional Freedom Techniques)다.

나는 상담, 방송, 강의를 통해 EFT를 가르치면서 직접적으로는 수천 명, 간접적으로는 수만 명이 넘는 사람들의 몸과 마음과 인생을 고쳐주었다. 그 과정에서 정말 많은 사람들이 자기 마음속 생각을 정확히 표현하고 새로운 삶의 관점을 찾아내는 데 어려움을 느낀다는 사실을 알게 되었다.

한마디로, 사람들은 자기 마음 상태가 어떤지 잘 모른다. 실체를 모르니 당연히 풀어낼 수가 없다. 이에 나는 굳이 진지한 성찰의 과정을 겪지 않고도, 그저 따라 읽기만 해도 바로 효과를 볼 수 있는 즉석식품 같은 책을 쓰고 싶었다.

그러니 다음의 한 문장에 이 책의 의도가 다 담겨 있다.

"읽고 따라 하다 보면 어느새 느끼고 바뀌게 된다."

이런 목적을 달성하려고 이 책에는 중간중간 일명 '즉석 EFT'란을 넣었다. 여기에서 시키는 대로 하다 보면, 위에서 말한 대로 그저 읽고 느끼는 것을 넘어서 마음의 변화까지도 경험하게 될 것이다. 따라서 이런 효과를 꼭 느껴볼 수 있게 반드시 따라 해보기를 권한다.

여기를 두드리시오!

태권도에서 손날로 격파할 때 격파 대상에 손이 닿는 지점을 다른 손의 두 손가락으로 톡톡톡 두드리면 된다. 어느 쪽 손으로 두드리든 상관없고, 아플 만큼 세게 할 필요도 없다. EFT란 로저 칼라한이라는 미국의 심리학자가 그저 몸만 치료하는 것으로 알려졌던 경혈을 자극하면 불편한 감정까지도 사라지는 심리치료 효과가 있다는 것을 발견한 데서 비롯된 새로운 심리치료 및 심신치료법으로 이미 전 세계에서 많은 의료인과 일반인들이 활용하고 있는 방법이다. 좀 더 알고 싶다면 먼저 이 책의 부록을 참고하고, 유나방송(una.or.kr)에서 〈두드림의 선물 EFT〉라는 나의 EFT 강의 프로그램을 듣거나 EFT KOREA(www.eftkorea.net)의 공개자료들을 살펴보라.

몸 고치려다 마음 고치고, 마음 고치려다 인생 고치게 된 한의사

'당신은 무슨 자격과 능력으로 이 글을 썼는데?'

몇몇 독자들은 처음 이 책을 들고서 이런 의문을 가질 것 같다. 그래서 본론에 들어가기 전에 나에 대해 간단히 소개하는 것이 순서일 듯 싶다.

우선 나는 심신의학 전문한의사로서 EFT와 긍정심리학을 활용하여 강박증, 공황장애, 정신분열 등의 심리질환과 암, 디스크, 관절염, 섬유근통 등의 만성 육체질환을 주로 맡아 치료하고 있다.

나는 만성질환의 원인이 대부분 마음에 있다고 보고 마음을 고쳐서 몸을 치료한다. 그런데 마음의 문제란 사실 인생의 문제들이기도 하기 때문에 보통은 치료 과정에서 인생의 걸림돌까지 같이 해결해준다. 아니, 그보다는 인생까지 고쳐야 심신의 병이 낫게 된다.

이해가 쉽도록 실례를 들어보자. 어느 날 사업을 하는 50대 남성이 3차신경통 탓에 나를 찾아왔다. 3차신경통은 얼굴에 분포하는 3차신경이 손상되어 얼굴에 화끈거림이나 저림 등의 극심한 통증이 생기는 병이다. 심신의학의 관점에서는 만성질환의 원인을 마음에서 찾는데, 아니나 다를까 그는 발병 전에 번창하던 사업이 갑자기 어려워져 극심한 자금난에 빠졌고 그 와중에 3차신경통이 생겼다고 했다. 즉 사업상의 스트레스가 원인이었다.

보통의 의사라면 그저 증상 치료에만 집중하겠지만, 사업이 기울어 날마다 자금을 융통하느라 골머리를 앓고 신용카드로 현금서비스까지 받는 상황에서 무슨 수로 통증이 잡히겠는가. 그래서 나는 먼저 그가 겪는 사업상의 문제점을 구체적으로 들어보았다. 문제는 인력관리에 있었다. 이에 나는 직원관리와 조직 내 소통법을 조언해주었다. 그리고 EFT를 활용해 심리적 부담을 덜고, 쌓인 스트레스를 풀고, 긍정적인 확언으로 자신감도 심어주었다. 이렇게 몇 차례 상담한 뒤에 그는 이렇게 말했다.

"처음엔 그저 통증이나 해결하려고 왔는데, 이제 사업과 인생 자체가 다 해결된 것 같습니다. 이것은 치료가 아니라 완전히 인생 및 경영 컨설팅입니다."

나의 치료는 이런 식이다. 한마디로 몸을 고치기 위해 마음을 고치고, 마음을 고치기 위해 그의 인생을 고치는 것이다.

또 다른 예를 들면, 외고에 진학한 후로 경쟁에서 밀려 우울증에 빠지고 학업을 포기한 학생이 내게 왔다. 부모와의 관계도 나빠질 대로 나빠져 있었다. 나는 EFT로 그의 우울증을 치료해서 우울증 약을 끊게 하는 동시에 확언으로 자신감을 심어주었고, 학습법과 속독법도 가르쳐주어서 성적도 올려주었다.

이렇게 수천 명의 환자들과 만나고 별별 사연을 듣다 보니 이제는 내가 심부름센터 사장이 아닐까 하는 생각이 들 지경이다. 나쁜 짓 빼고 원하는 것은 다 해주니까. 그래서 요즘은 아예 대놓고 이렇게 말하기도 한다.

"원하는 게 있으면 뭐든 말하세요. 다 해드릴 테니까."

한편 나는 자기계발서와 심리철학서를 쓴 저술가이자 이런 주제로 많은 강의를 하는 강사이기도 하다. 다양한 청중을 상대로 7년 동안 최소 200회 이상의 강의와 워크숍을 진행했고, 한 인터넷 방송(una.or.kr)에서 매주 새로운 삶의 문제에 대해 강의하면서 호응도 제법 얻고 있다. 그동안 내가 해온 강의나 상담의 주제를 보면 속독법, 잠재능력 계발,

만성통증 치료, 영적 수행, 대화법, 감정 관리, 스트레스 관리 등으로 아주 다양하다.

이렇게 상담하고 강의하고 치료하다 보니 나 스스로 수천 명의 인생을 살아본 것 같고, 이제 보통 사람들의 웬만한 문제는 조금만 들어봐도 해결책이 척 떠오를 지경이 되었다. 마치 이창호 같은 고수가 보통 사람의 바둑판을 슬쩍만 봐도 이기는 수가 저절로 머릿속에서 쓱쓱 그려지는 느낌이라고나 할까. 어쨌든 수많은 사람의 몸과 마음과 인생을 고쳐주다 보니 이제는 그 경험을 좀 더 많은 사람과 나누는 것이 좋겠다는 생각이 들어 이 책을 쓰게 되었다.

그러니 이 정도라면 독자들도 한번 내 이야기를 들어볼 만하지 않겠는가!

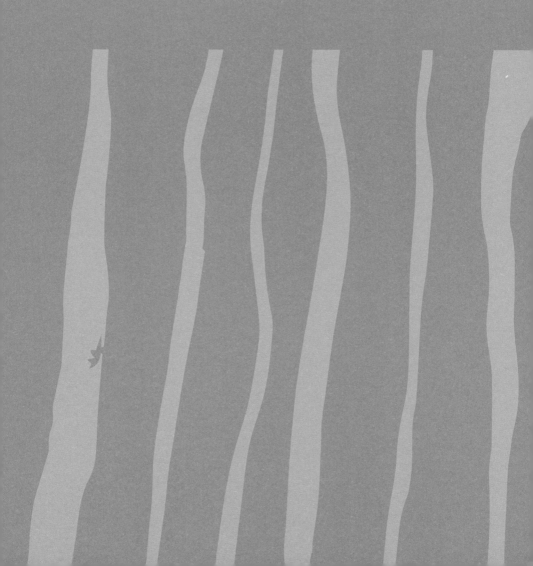

1부

인생
과외

1

“

사는 게 너무
힘들고 답답할 땐
어떡해요?

”

위기와 시련

이러다 죽을 것 같아요

~~~~

우리네 삶에도 때때로 태풍이나 쓰나미가 닥친다.
물론 그런 일이 없으면 좋겠지만, 막상 위기와 시련을
마주하게 됐다면 어떻게 해야 하는가?

살다 보면 죽어야 할 때도 있다

살다 보면 죽어야 할 때가 있다. 그런데 죽어야 할 때 살려고만 하면 살기는커녕 더 죽게 되거나 망신까지 당한다.

다음은 죽으려다 살아난 첫 번째 이야기다.

오래전 대전역 주변에는 사창가가 있었고, 아가씨들이 있었고, 아가씨들에게 자릿세를 뜯는 깡패들이 있었다. 이곳의 모든 아가씨가 깡패들에게 돈을 뜯겼는데 한 아가씨만은 돈을 뜯기지 않았다. 왜 그랬을까? 깡패들이 돈을 뜯으려고 행패를 부릴 때마다 이 아가씨는 기름통과 연탄불을 들고 나와서 외쳤다.

"같이 불타서 죽자!"

이런 일을 겪은 깡패들은 다시는 돈을 뜯으려고 하지 않았다. 소위 '대전역 아가씨'의 이 무용담은 제법 유명하다.

"때때로 죽을 줄 알면 돈 아낀다."

죽으려다 살아난 두 번째 이야기다. 어느 중국 무술의 고수가 지역의 깡패와 시비가 붙었다. 서로가 지고는 못 사는 성격이라 여러 번 격투를 벌였지만 승부가 나지 않았다. 그래서 이 고수가 어느 날 그 깡패에게 제안했다.

"야, 너와 내가 저 육교 위에서 끌어안고 뛰어내리자. 그래서 살아나는 사람이 이긴 걸로 하자."

이에 깡패가 질겁을 하고 무도가를 형님으로 모시기로 했다.

"때때로 죽을 줄 알면 명예를 얻는다."

죽으려다 살아난 세 번째 이야기다. 성룡은 한때 대역 없는 실제 스턴트를 무기로 한 액션 영화들로 전 세계적인 흥행보증 수표였다. 그러다 그는 영화를 찍다 추락해서 중태에 빠지는 위기를 겪었다. 어느 정도 몸이 낫자 성룡은 오히려 이렇게 생각했다.

'앞으로는 영화 찍을 때 아예 살 생각을 하지 말자.'

그래서 이후 그의 영화는 변함없이 대역 없는 실제 액션으로 계속 인기몰이를 했다.

"때때로 죽을 줄 알면 대박 난다."

죽으려다 살아난 네 번째 이야기다. 최배달이 한번은 일본의 유명한 닌자 검객과 결투를 하게 되었다. 그런데 최배달은 맨손이고 이 닌자는 진검을 든 채로 맞붙었다. 보통 검술 1단이 맨손 무술의 3단에 비견될 정도로 진검은 파괴적이고 무서운 흉기다.

이에 최배달은 살 생각을 버리고 실전에 임했고, 수세에 몰리다 마침내 쓰러지자, 위에서 그가 칼을 내려쳤다. 이 순간 최배달은 자신도 모르게 침착하게 검을 양손으로 잡아서, 어깨 위로 젖혀 받은 다음, 즉각 명치에 킥을 날려 일순간에 승부를 뒤집었다. 이것이 극진가라테의 그 유명한 '맨손으로 진검 받아내기' 기술이 생긴 배경이다.

"때때로 죽을 줄 알면 전화위복의 기회가 온다."

죽으려다 살아난 다섯 번째 이야기다. 내가 카투사 이등병이었을 때, 영 밥맛없는 빨강머리 이등병 미군이 있었다. 그런데 같은 이등병 주제에 내가 계급이 낮고 아직 영어에 서툰 것을 빌미로 나를 쫓아다니면서 놀리곤 했다. 여러 번이나 그만하라고 했지만 이놈은 멈추지 않았다. 하루는 내 방까지 따라와서 온갖 놀림을 퍼붓는 것이 아닌가.

그래서 이제 더는 못 참을 지경이 되었는데 문득 이런 생각이 떠올랐다.

'에라이, 좋다! 영창을 가는 한이 있더라도 오늘 정신줄 놓고 한번 미쳐보자!'

이렇게 미치기로 작정하니 쌓였던 분노가 용암 터지듯 폭발했다. 마침내 곁의 둔탁한 양철 쓰레기통이 눈에 보이기에 나는 한 손으로 이것을 집어 하늘로 치켜들었다. 나는 정말로 그놈의 머리통을 후려칠 작정이었다.

그런데 놀랍게도 바로 그 순간, 이 덩치가 눈동자가 확 커지며 풀썩 주저앉는 게 아닌가! 겁을 먹어서 말 그대로 눈이 확 풀린 것이다. 나는 그 모습에 퍼뜩 정신이 돌아와 쓰레기통을 내려놓았다.

이후 빨강머리는 내게 그렇게 친절하고 고분고분할 수가 없었다. 심지어는 종종 먹을 것을 챙겨주거나 〈허슬러〉나 〈플레이보이〉 같은 도색잡지를 갖다 바치기도 했다. 소위 '짱'이 된 기분이란 게 이런 것일까?

"때때로 죽을 줄 알면 영창도 안 가고 〈플레이보이〉도 생긴다."

죽으려다 살아난 여섯 번째 이야기다. 이 이야기의 주인공은 '13 대 333'의 전설을 남긴 명량대첩의 이순신이다. 누구나 다 아는 이야기이니 세부사항은 건너뛰고 이 전투에 임했던 이순신의 마음에만 초점을 맞춰보자.

당시 육지는 이미 왜적의 손에 넘어가 있었다. 바다에서도 수적으론 절대 이길 수 없어 보이는 싸움이었다. 하지만 여기서마저 진다면 조선은 사실상 역사 속으로 사라질 운명이었다. 이에 이순신은 나라가 망해서 백성과 함께 죽게 되느니, 질 때 지더라도 목숨을 걸기로 작정한다. 어차피 죽어야 한다면 명량에서 죽기로 다짐한 것이다.

한 가지 재미있는 점은, 그는 죽을 작정이었지만 그의 부하들은 그렇지 않았다는 사실이다. 그래서 개전 초기는 이순신의 배만 앞에서 총알받이처럼 고군분투하는 형국이었다. 이에 이순신은 멀찍이 뒤로 물러나 있던 휘하 장수 둘을 불러 불호령을 내린다.

"너희가 군율에 죽을 것이냐, 싸우다 죽을 것이냐? 지금 너희에게 다른 살 길이 있을 것 같으냐!"

평소 장군의 군율 집행은 칼날보다 매서웠다. 죽음이 두려워 쭈뼛거리던 두 장수가 그때 퍼뜩 정신을 차렸다.

'장군의 말이 저러하니 이대로 있으면 어차피 죽는다. 차라리 싸우다 명예롭게 죽자.'

이렇게 죽음을 각오하고 맨 앞으로 달려나가 왜적을 치기 시작했고 마침내 싸움은 장군의 승리로 끝났다. 그리고 그 결과는 알다시피 믿기 어려운 대승이었다.

"때때로 죽을 줄 알면 기적같이 승리한다."

나는 폭력 남편에게 시달리는 아내들을 여러 명 상담했다. 적게는 10년, 길게는 30년씩 폭언과 폭행에 시달리다 보니 그들의 마음은 우울증과 화병으로 가득하고, 몸도 온갖 몹쓸 병에 다 걸려 있었다. 나는 그들과 상담하면서 왜 맞서 싸우지 않고 이렇게 오래 당하고만 살았냐고 물었다. 그들은 한결같이 이렇게 대답했다.

"맞아 죽을까봐 감히 못 대들었어요."

곧 죽을까봐 못 싸운 탓에 도리어 다 죽게 되어서 나를 찾아온 것이다.

즉석
EFT

혹시 눈앞이 캄캄해지는 인생의 위기가 찾아왔다면 다음의 글을 따라 읽어보라. 위기를 극복할 용기와 지혜가 생겨날 것이다. 소리를 내어 따라 읽는 편이 좋지만, 상황이 불편하다면 속으로라도 음미하며 읽으라. 반드시 손날 타점을 톡톡톡 두드리면서 읽어야 원하는 결과를 얻을 수 있다.

문제를 인정하고 받아들이기

- 나는 평생 죽을까봐 시도도 못하고 몸만 사리며 살아왔지만, 목숨 아꼈다가 어디 갖고 갈 건가. 어쨌든 마음속 깊이 진심으로 나는 나를 이해하고 믿고 받아들이고 사랑합니다.
- 나는 평생 실패할까봐 시도도 못했지만, 아끼면 그냥 똥 된다. 어쨌든 나는 깊이 진심으로 이런 나도 이해하고 믿고 받아들입니다.
- 나는 평생 다칠까봐 엄두도 못 냈지만, 어쨌든 깊이 진심으로 나를 믿고 이해하고 사랑하고 받아들입니다.

마음 풀기

- 아끼면 똥 된다. 목숨 아낀다고 적금처럼 이자 나오는 거 아니다. 아낀다고 본전 돌려받는 거 아니다. 아낀다고 저세상으로 갖고 갈 수 있는 것도 아니다. 배는 항구에 있으면 안전하지만, 항구에 두려고 배를 만든 거 아니다. 아무것도 안 하면 안전할 것 같지만, 아무것 안 해도 때 되면 다 죽는다.
- 때때로 살다 보면 죽을 용기가 필요하다. 죽을 용기가 없으면 살 용기도 없다. 때때로 살다 보면 실패할 용기가 필요하다. 실패할 용기가 없으면 성공할 용기도 없다. 실컷 죽 쒀서 개 주지 말고, 실컷 목숨 아껴 저승사자 주지 말자.

확언하기

- 나는 아낌없이 미련 없이 한평생 후련하게 살다 간다.
- 활활 타오르는 불꽃처럼 기름 아끼지 않고 확실하게 다 태우고 간다.
- 내 목숨 내 맘대로 아낌없이 다 쓰고 간다.

육지가 보이지 않아도 꿋꿋이 노를 저어라

 인생을 길에 비유하자면 때론 비포장 길도 나오고 끝없는 터널도 나온다. 어느 날 터널에 접어들었다. 그러다 마침 정전이 된 듯 터널 안이 깜깜해졌다. 아무것도 보이지 않고 한동안 더듬으며 걸어도 끝이 보일 기미가 없다. 이때 어떡해야 할까? 주저앉아 어둠을 탓할 것인가, 아니면 어쨌든 더듬으면서 가던 방향으로 가볼 것인가.

 어둠을 탓하며 주저앉고 싶은 게 인간의 마음이지만 그런다고 터널의 길이가 줄지도 않을뿐더러 터널 속에서 보내야 할 시간만 길어질 뿐이다. 갑갑한 터널이 싫다면 무조건 가던 방향으로 가라!

 나그네가 길을 떠났다. 끝없이 높은 고개를 만나 걷는데, 어느덧 해는 저물고 비바람까지 몰아친다. 인가도 없는 산속에서 어떡할 것인가. 어둠과 고개와 비바람을 탓하며 주저앉을 것인가, 아니면 어쨌든 굳세게 고갯마루로 올라갈 것인가.

 주저앉고 싶은 게 인지상정이지만 그런다고 고개가 낮아지지도, 어둠이 물러가지도, 비바람이 잦아들지도 않는다. 도리어 겪어야 할 어둠과 고개와 비바람이 더 많아질 뿐이다. 그러니 어쨌든 고개를 향해 꿋꿋이 가라! 언젠가는 내리막이 나타나 힘든 고갯길도 끝이 날 것이다.

 길을 가다가 사막을 만났다. 사막 한가운데에서 방향을 잃었고, 사방을 둘러봐도 끝이 보이지 않는다. 어떡할 것인가. 태양과 사막을 탓하면서 주저앉아 있을 것인가, 아니면 북두칠성을 길잡이 삼아 어쨌든 사막의 끝으로 걸어갈 것인가.

 주저앉아서 사막을 탓해도 갈 길이 줄거나 열기가 사그라들진 않는다. 그저 사막에서 보내야 할 시간만 길어지고 벗어나는 데 써야 할 힘만 소모된다. 그러니 어쨌든 끝을 향해 가라.

인생길에는 이렇게 때때로 터널과 고갯길과 사막이 있기 마련이고, 이 안에서 우리는 어쩔 줄 모르고 헤매기 마련이다.

이에 관해 일본의 전설적 사무라이인 미야모도 무사시는 《오륜서》에서 이렇게 말한다.

"인생에는 넘기 힘든 고개와 건너기 힘든 바다가 있다. 가령 배를 타고 바다 가운데로 나갔다고 하자. 바람이 없어 돛을 올릴 수 없고, 돌아가야 할 항구까지의 거리도 알 수 없다. 참으로 어렵고 힘든 순간이다. 그러나 절망해서는 안 된다. 항구까지의 뱃길이 몇십 리가 되든 마지막까지 희망을 버리지 말고 노를 저어야 한다. 이것을 '건널 도渡'라고 한다."

나는 아직 젊지만 만만찮게 도渡를 경험하며 살아왔다.

고등학교 때는 아버지와 어머니의 중병으로 집안이 무너져갔다. 어떤 해결책도 없는 것처럼 막막했고 모든 것이 무의미했다. 하지만 나는 무조건 공부에 전념했다. 그때는 그것이 나의 도渡였고, 그로 인해 나는 한고비를 넘길 수 있었다. 그때 내가 공부를 도渡로 삼지 않았다면 지금 나는 변변한 기술도 학력도 없는 단순노무자가 되었을지 모른다.

대학에서는 한의학이라는 바다를 만났다. 제대로 된 선생도 책도 없는 와중에 내가 겨우 찾아낸 것은 명대明代 한의학의 거두 장경악이 쓴 《경악전서景岳全書》였다. 이 책은 한자 원문만 2,000쪽으로 《동의보감》보다 더 방대한 분량이다. 최근 나온 번역서는 총 5권 3,400쪽에 달한다고 한다.

어쨌든 나는 장경악이라는 한의학의 바다를 건너기로 했다. 이 바다를 건너기 위해 독서모임을 짜서 학기 중에는 매일 아침 한 시간씩, 방학 중에는 주 5일 네 시간씩 독해를 해나갔다. 원문 번역을 할 만한 사람이 없어 내가 모두 직접 번역하고 해설했다.

그러기를 1년, 마침내 나는 이 바다를 건넜다. 그 다음 해엔 두 번째로 이 바다를 다시 건넜다.

이렇게 장경악이라는 바다를 건넜을 때, 나는 한국에서 장경악을 나만큼 철두철미하게 이해할 사람은 없을 거라고 생각했고 또 실제로도 그랬다. 그때까지 아무도 나만큼 철저하게 이 바다를 건넌 사람은 없었으니까.

산악인이 14좌를 완등하고 탐험가가 남북극의 극점을 밟듯이 나는 장경악이라는 한의학의 바다를 건넜다. 다만 그들은 알아주고 축하해주는 사람이 있었지만, 나는 그저 이 힘든 여정을 나의 자부심을 안주로 삼아 맥주 한 잔으로 축하해야 했다. 아무도 보지 못하는 내 안의 바다를 건넜으니까!

한의대를 졸업하고는 개업을 하게 되었다. 개업의로 생존한다는 것도 내겐 또 하나의 거대한 바다였다. 나는 그때까지 공부만 해왔기에 인간관계나 사회생활, 마케팅에 관한 지식이 전무全無했다. 한마디로 영화평론가가 덜컥 영화감독이 되고, 실험실에 틀어박혔던 의사가 바로 로컬(개원가)에 나온 느낌이라고나 할까. 이미 개원한 지 10~20년이 넘는, 마치 거대한 고목같이 느껴지는 선배 한의사들로 가득한 동네에서 아직 내세울 특기도 영업 능력도 없이 어떻게 생존할 것인가.

처음 5년간은 암중모색이자 악전고투의 연속이었다. 하지만 나는 결코 포기하지 않았다. 막강한 고수들이 즐비한 의료 시장에서 살아남는 것이 그때 나의 도渡였다. 실패할지 모른다는 공포 속에서도 나는 꾸준히 전략을 세우고 가능성이 있는 것부터 실천해 나갔다.

그러다 마침내 절호의 기회가 왔다. EFT(Emotional Freedom Techniques)를 만난 것이다. 나는 이 인생역전의 기회를 놓치지 않았다. 온 힘을 다해 EFT를 파고들었고, EFT에 관한 최초의 전문서를 내면서 명실공히 한국에서 EFT와 확언 기법에 관한 최고의 전문가가 되었다. 마침내 무한경쟁의 바다를 당당히 건넌 것이다.

즉 석 EFT

혹 지금 내 삶이 끝없는 망망대해를 떠도는 배와 같다고 느껴진다면 다음과 같이 EFT를 하면서 이 바다를 건너보자. 필요하다면 여러 차례 반복하는 것이 좋다. 소리를 내어 따라 읽는 편이 좋지만, 상황이 불편하다면 속으로라도 음미하며 읽으라. 반드시 손날 타점을 톡톡톡 두드리면서 읽어야 원하는 결과를 얻을 수 있다.

문제를 인정하고 받아들이기

• 나는 끝이 보이지 않아 주저앉고 싶지만, 마음속 깊이 진심으로 나를 믿고 받아들입니다.

• 나는 힘이 달려 그만두고 싶지만, 그만둔다고 그만둘 수 있는 것인가. 그만둔다고 마음의 미련이 사라질 것인가. 지쳤으면 그저 쉬엄쉬엄 가자. 어쨌든 이런 나도 이해하고 사랑하고 받아들입니다.

• 나는 언제 될까 언제 끝날까 조바심이 나지만, 어쨌든 이런 나를 이해하고 받아들입니다.

마음 풀기

• 살다 보면 답도 길도 빛도 없을 때가 있다. 그래도 꿋꿋이 가라. 답도 길도 빛도 없을 때 자기를 믿을 줄 아는 것이 진정한 믿음이다. 답도 길도 빛도 없을 때 실천할 줄 아는 것이 진정한 실천이다. 참된 믿음이란 도저히 믿을 수 없을 때에 믿는 능력이다. 참된

실천이란 더 이상 어쩔 수 없을 때에도 뭔가 해보는 것이다. 참된 웃음이란 허탈감만이 남은 때에도 그저 씩 한 번 웃고 넘길 줄 아는 것이다. 참된 낙관이란 좌절의 밑바닥에서도 다시 딛고 튀어오르는 능력이다. 살다 보면 때때로 현실이 거대한 바위산처럼 나를 가로막을 때가 있다. 바로 이때가 참된 믿음과 실천과 웃음과 낙관이 필요한 순간이다. 늦는 것보다 두려운 것은 멈추는 것이다.

확언하기

- 더디 가도 꾸준하면 어쨌든 이긴다.
- 가다가 그만뒀어도 다시 가면 된다. 간 만큼 간 것이다. 그러니 어쨌든 더 가자.
- 하다가 그만뒀어도 다시 하면 된다. 한 만큼 한 것이다. 그러니 어쨌든 더 하자.
- 천 리 길도 한 걸음이 모인 것이고, 만리장성도 돌 하나가 모인 것이다. 그러니 어쨌든 한 걸음씩 가고 돌 하나씩 쌓자.

위기와 시련에 관한 촌철활인寸鐵活人

— 해도 해도 안 되는 일에 직면했을 때 성공하는 법. '죽기 살기로 덤벼라.' 카이사르는 영국을 정벌할 때 타고 온 배를 모두 태워버렸다. 그래서 로마군은 살기 위해서라도 이길 수밖에 없었다. 정말 성공하고 싶다면 내려갈 사다리를 부수고 돌아갈 배를 불태워라.

— 전쟁에서 홈그라운드가 유리할까? 그렇지 않다. 《손자병법》에서는 이를 산지散地(흩어지는 땅)라고 한다. 홈그라운드의 병사들은 싸우다 불리하면 다 고향으로 도망가 버린다. 그래서 임진왜란 때 왜군이 20일 만에 서울을 함락시킬 수 있었다. 반대로 고향 떠난 병사는 싸워서 이기는 수밖에 없다.

— 이래도 죽고 저래도 죽겠으면 기라도 살아라.

— 위기는 기회다, 단 그런 줄 알면. 아니면 그냥 위기다. 위기는 기회다, 단 고칠 줄 알면. 아니면 그냥 위기다. 위기는 기회다, 단 바꿀 수 있다고 믿으면. 아니면 그냥 위기다.

— 상황이 마음대로 풀리지 않고 해결할 에너지도 없고 도저히 어찌해볼 여력이 없을 때에는 그저 편안하게 개기는 것도 좋은 방법이다. 이것을 일러 "후일을 도모한다"고 한다.

고통과 고난

사는 게 너무 괴로워요

~~~

철광석이 펄펄 끓는 열과 무자비한 두드림을 겪어야 강철로 다시 만들어지듯,
인간도 고통과 고난의 담금질을 겪으면서 새로 태어난다.

고통은 해석하기 나름이다

내가 삼수를 할 때, 내 인생은 한마디로 지옥의 아수라장에 빠져 있었다. 아버지는 몇 년째 류머티즘 관절염을 앓아 온몸의 관절이 퉁퉁 부었다. 직장은 한참 전에 그만둔 상태였고, 증상이 심할 때는 거동조차 힘들어서 대소변까지 받아내야 했다.

엎친 데 덮친 격으로 어머니도 나를 임신했을 때 얻은 만성신염이 악화되어서 결국 복막투석을 하게 되었다. 어머니는 하루에도 예닐곱 번씩 마치 소변주머니를 갈듯 호스로 배에 끼운 물주머니를 갈아야 했다.

우리 가족의 고통은 여기서 그치지 않았다. 당시 고등학생이었던 남동생은 가출을 밥 먹듯이 하고 여기저기서 폭행 사건에 휘말리며 어머니 속을 무척이나 썩였다. 그런 와중에도 어머니는 생계를 위해 구멍가게를 해야 했다. 달리 생계를 돌볼 사람이 없었기 때문이다.

중환자의 몸으로 가게에서 남몰래 물주머니를 갈아가며 일을 하는

어머니를 보며 나는 피눈물을 흘렸다. 네 명의 식구 중에 멀쩡하다고 할 만한 사람이 나밖에 없었는데, 그런 나조차 재수 뒤에 다시 삼수를 하고 있었다.

온 가족에게 몰아친 이 가혹한 고난 앞에서 나는 온몸이 불타오르는 듯한 분노를 느꼈다.

'왜 한 사람도 아니고 가족 전부가 이런 고통을 겪어야 하는가!'

나는 하느님이 있다면 멱살이라도 잡고 따져 묻고 싶었다. 도대체 내게, 우리에게 왜 이러는 거냐고 말이다.

그 분노가 얼마나 컸던지, 나는 공부할 때마다 모나미 볼펜 뒷꼭지를 껌 씹듯 우걱우걱 씹어먹었다. 아마도 1년 동안 수십 자루는 씹어 먹었을 것이다. 뿐만 아니라 하루에도 대여섯 잔 넘게 쓰디쓴 블랙커피를 마시며 분노를 삭이고 또 삭였다.

가족들을 생각하면 너무 고통스러워서, 나는 나 자신을 더 고통스럽게 하는 방법을 썼다. 더 큰 고통을 만들어서 다른 고통을 잊고자 했던 것이다.

몸이 한가하면 자꾸 고통스러운 생각에 빠지므로, 나는 잠시도 딴생각을 할 수 없도록 공부에 몰두했다. 하루에 서너 시간밖에 자지 않고, 토요일과 일요일에도 쉬지 않고, 일주일 동안 쉬는 때라곤 토요일 오후에 목욕하는 시간이 전부였다. 뇌가 한시도 쉬지 못하도록 공부로 뇌를 융단폭격했다. 지금 생각하면 공부라기보다는 고문이나 고행에 가까운 짓이었다.

그러던 어느 날 학원에서 공부를 하다가 내가 왜 이렇게 힘들고 고통스럽게 살아야 하는지 분통이 터져서 무작정 옥상으로 올라갔다. 마침 녹음이 우거진 초여름이어서 학원 옆의 가정집 옥상에서 엄마와 아기가 평상에서 쉬고 있는 모습이 보였다. 아기는 아장아장 귀엽게 걷고 있었고, 엄마는 아기를 한가롭게 보고 있었다.

그 모습을 보는 순간 눈물이 핑 돌며 이런 생각이 떠올랐다.

'나는 이렇게 고통스럽고 바쁜데, 세상은 참 한가하구나.'

이와 함께 갑자기 내 안에서 생각의 반전이 일어났다.

'나도 다 포기하면 저렇게 한가해질 수 있어. 아무리 큰 고통이라도 내가 죽으면 끝이니까. 하지만 자살은 비겁한 짓이야. 경기가 불리하다고 선수가 경기 중에 기권하는 것과 뭐가 달라? 어쨌든 이렇게 힘들게 살기로 결정한 것은 나야. 이 고통은 내가 선택한 거야.'

내가 이 고통을 선택했다는 생각이 드는 순간, 나를 그토록 짓누르던 고통과 고뇌가 신기하게도 한순간에 싹 사라졌다. '내가 선택한 것'이라는 깨달음 하나로 나는 그냥 편안해졌다. 그때 나는 내 인생 최고의 고통을 통해서 내 인생 최고의 깨달음 하나를 얻었다.

"고통은 사실이 아니라 해석이다. 해석이 바뀌면 고통도 바뀐다."

그럼 구체적으로 고통이란 대체 무엇인지를 한번 탐구해보자.

첫째, 고통은 해석하기 나름이다.

한때 〈차마고도〉라는 다큐멘터리가 세간에서 큰 인기를 끌었다. 여기에 나온 티베트인은 오체투지(바닥에 온몸을 납작 엎드려 배까지 바닥에 대고 절하는 것)를 하며 티베트의 수도 라사까지 수백수천 킬로미터를 가느라 매일 무릎과 이마가 깨지지만 늘 웃음을 띠고 즐거워했다. 그 고통이 곧 해탈의 과정이라고 생각하기 때문이었다.

인도의 고행자들은 못침대 위에 눕거나 살가죽을 갈퀴로 뚫어 매달린 채로 종일 시간을 보내지만 고통스러운 기색이 없다. 그 고행을 통해 깨달음을 얻는다고 생각하기 때문이다.

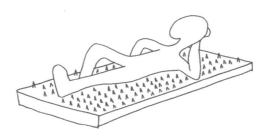

이처럼 고통의 의미가 고통을 바꾼다. 고통에 대한 나의 해석이 고통을 바꾼다.

- 고통 + 의미 = 기쁨
- 고통 + 무의미 = 더 심한 고통

삶은 의미를 찾아가는 과정이며, 고통 또한 내 삶의 의미가 드러나는 하나의 방식일 뿐이다. 내가 삶에 부여하는 의미가 바뀔 때 고통의 느낌도 변화한다. 고통이 그저 고통으로만 느껴진다면, 지금 내가 그 고통에 어떤 의미를 부여하고 있는지를 다시 생각해보라.

둘째, 저항하면 고통은 끈질기게 지속된다.

나는 피곤한 날이면 가끔 발에서 쥐가 나고 상당히 아프다. 하루는 자세가 안 좋았는지 발에서 또 쥐가 나려고 했다. 나는 너무 아파서 자

34

세를 바꾸고 발을 주무를까 하다가 문득 그날은 있는 그대로 경험해보고 싶은 생각이 들었다.

그래서 발가락이 경련으로 뒤틀리면 뒤틀리는 대로 놔두었다. 그러자 어느새 경련이 스르르 풀렸고 쥐가 사라졌다. 좀 있다가 다시 경련이 일어났고, 나는 이번에도 그저 바라보기만 했다. 그러자 쥐는 또 스르르 사라졌다.

모든 고통은 이와 같다. 충분히 경험하면 사라진다. 그냥 바라보면 사라진다. 그러니 고통에 저항하지 말라. 바람이나 강물처럼 때가 되면 그저 흘러가고 사라지리니.

특히 빠져나갈 수 없는 고통에 저항하기를 멈추라. 때때로 고통 그 자체보다는 고통에 대한 나의 저항이 더 큰 고통을 만든다. 저항이란 내게 닥친 고통과 고난을 비난하고 두려워하고 회피하려는 것이다.

어쩔 수 있는 고통에 저항하는 것은 효과가 있을 수 있지만, 어쩔 수 없는 고통에 저항하는 것은 오히려 고통을 더욱 키울 뿐이다.

어쩔 수 없는 고통에는 그저 나를 내맡겨라. 고통과 내가 온전히 하나가 되는 순간에 그 고통은 사라질 것이다.

셋째, 고통이 절정에 달하면 기쁨으로 바뀌기도 한다.

나는 원래 운동을 지독히 못했다. 운동회에서 누구나 받는 지우개 하나 받은 기억이 없고, 체육 과목에서 수를 받은 적도 없다. 한마디로 나는 몸짱이 아니라 몸꽝이자 몸치였다. 그래서 유달리 운동과 몸에 관해서 콤플렉스가 심했다.

그러다 군대를 가서 남자들만 있는 곳에 있으니 내 몸꽝 상태가 더욱 적나라하게 드러났다. 나는 더 이상 참을 수 없어서 운동으로 몸을 만들어야겠다고 마음먹었다. 하지만 할 줄 아는 운동이라곤 하나도 없었기에 일단은 가장 쉬워 보이는 달리기를 선택했다.

운동장에서 처음 달리기를 시작하던 날이었다. 평생 운동장 한 바퀴를 스스로 돌아본 적이 없던 내가 한 바퀴를 힘껏 달리자 기다렸다는 듯 몸이 반응을 보였다. 심장이 입 밖으로 튀어나올 듯 쿵쾅거리고, 복날 더위 먹은 개처럼 숨을 헐떡였다. 너무 힘들어서 당장 그만두고 싶은 마음이 굴뚝 같았지만 몸짱 콤플렉스로 시달리는 것이 죽기보다 싫어서 나는 몇 바퀴 더 달리기로 했다.

한두 바퀴를 더 달리자 이제는 완전히 고통의 절정에 다다랐다. 숨이 콱 막혀서 정신이 아뜩해지고, 하늘이 말 그대로 노랗게 보이고, 다리는 온통 뻣뻣하게 굳어가고, 세상의 어떤 소리도 들리지 않고, 오직 심장이 쿵쾅거리는 느낌만이 온몸에 가득 찼다. 문득 '이러다 죽을 수도 있겠다'는 생각이 들었다.

하지만 여기서 멈추자니 너무 억울했다. 그래서 죽더라도 끝까지 가보자는 심정으로 남은 거리를 마저 뛰었다. 그러자 순간 이상한 일이 일어나기 시작했다. 갑자기 온몸에 황홀감이 들면서 고통이 순식간에 사라지는 것이 아닌가! 이것이 마라톤 마니아들이 말하는 '달리는 사람의 황홀감(runner's high)'이라는 사실은 그 후 10년이 더 지나서야 알게되었다.

이렇게 황홀감이 느껴지자 나머지 몇 바퀴는 순조롭기 그지없었다. 나는 이 맛에 중독되어 매일 달리기를 했고, 몇 달 뒤에는 영내 10킬로미터 단축 마라톤에서 무려 2등까지 했다. 내 인생에서 가장 큰 영광의 순간을 꼽으라면 바로 이때라고 말할 수 있을 정도다. 만년 전교 꼴찌가 하루아침에 전교 1등을 한 느낌이랄까!

나는 이때 인생에서 가장 큰 교훈 하나를 배울 수 있었다.

"모든 고통에는 끝이 있다. 끝까지 가면 그 고통은 더없는 기쁨이 된다. 그러니 끝까지 가보라. 더 나아가 고통을 즐겨라."

모든 고통은 한계점이 있다. 한계에 다다르면 때때로 고통과 내가 분리된다. 쉽게 말해서, 나의 고통이 남의 고통처럼 느껴진다. 그리고 바로 이때 고통이 도리어 더없는 기쁨으로 바뀌곤 한다. 실제로 극심한 고통의 순간에는 엔돌핀이 가장 많이 분비되어 생리적으로 쾌감을 불러온다.

고통과 나를 분리시키는 것, 바로 이것이 고행苦行의 의미다. 고통과 내가 분리될 때 나는 그 고통의 노예가 아니라 주인이 된다. 그래서 수많은 종교적 수련에는 고행이 포함된다.

넷째, 즐거움만 가득한 것도 고통이다.

인생이란 참으로 신기하고 역설적이라서, 즐거운 일만 가득하면 마냥 행복할 것 같지만 사실은 그렇지가 않다. 즐거움만 지속되면 지루하고 허무하고 심지어 우울해지기 십상이다. 이것을 '쾌락 역전의 법칙'이라고 한다.

나는 여러 명의 소위 갑부들과 그 자제들을 상담한 바 있는데, 그들은 즐거운 일만 찾다 보니 결국에는 마약과 섹스와 술과 도박에 빠지는 경우가 많았다. 또한 우울증에 걸린 중산층 주부 환자들도 대부분 그 원인이 더 이상 가질 것이 없지만 그렇다고 감히 새로운 도전에 뛰어들지도 못하는 데 있었다.

유명한 소설《구운몽》도 모든 것을 다 이룬 사람이 느끼는 허무함과 이로 인한 깨달음이 주제 아니던가.

그래서 나는 이렇게 말한다.

"즐거움이 고통이 되고, 고통도 즐거움이 된다. 그러니 모두 즐겨라."

다섯째, 모든 고통 뒤에는 숨겨진 선물이 있다.

배가 난파되고 홀로 살아남은 사람이 어느 무인도의 해변에 닿았다. 그는 하느님에게 구원해달라고 열심히 빌면서 날마다 혹시나 하는 마음으로 수평선을 살폈다. 하지만 아쉽게도 아무것도 보이지 않았다. 그러다 완전히 녹초가 되어서 가까스로 겨우 움막 하나를 지어 짐승으로부터 몸을 보호하고 남은 약간의 소지품도 보관했다.

그러던 어느 날 먹을거리를 찾으러 갔다 돌아오는데, 기가 막히게도 그 움막에 불이 나서 연기가 하늘 위로 치솟고 있는 것이 아닌가! 설상가상이라더니 그보다 더한 최악의 상황이 벌어져 모든 것을 잃고 만 그는 좌절과 분노에 온몸을 떨 수밖에 없었다.

그는 하늘에 대고 외쳤다.

"하느님, 어찌 저에게 이러십니까!"

그런데 다음 날 그는 섬으로 다가오는 뱃소리에 놀라 잠을 깨었다. 드디어 그를 구조하러 배가 온 것이다.

"내가 여기에 있는 줄 어떻게 아셨죠?"

"우리는 어제 당신이 피운 연기를 보았습니다."

위 이야기처럼 모든 고통 뒤에는 숨겨진 선물이 있다.

나는 삼수를 해서 한의대에 들어갔지만, 원래 재수할 때까지만 해도 A대학 수학과를 지망했다. 그러나 실력이 부족했다기보다 시험에 대한 불안감이 너무 커서 안타깝게도 삼수를 하게 되었다. 그 수학과에 떨어졌을 때는 분노와 좌절감이 얼마나 컸던지, 일주일간 꼼짝 않고 드러누워 있을 정도였다.

나는 분한 마음 때문이었는지 다음 해에는 평소 관심도 없던 한의대를 지원하여 합격했다. 그러다 예과 2학년이 되었을 무렵 신입생으로 들어온 예비역을 만났는데, 놀랍게도 그가 A대학을 졸업했지만 한의학에 관심이 있어서 다시 시험을 쳤다고 말하는 게 아닌가.

그와 잠시 얘기를 나누다 보니 내가 애초에 A대학에 붙었더라면 꼭 저 사람처럼 되었을 수도 있었겠다는 생각이 들었다. 당시 나는 벌써 한의학에 흠뻑 빠져 있었으니 말이다. 삼수할 때는 친구들보다 대학 가는 게 2년 뒤처진다고 속 터졌는데, 만약 붙었더라면 A대학 다니느라 4년이나 뒤처졌을지도 모를 일이었다!

돌아보면 이렇게 내 인생 최고의 고통이 나중에는 모두 최고의 선물이 되었음을 깨닫게 된다.

그래서 나는 이렇게 말하고 싶다.

"어떤 것도 잠깐 좋거나 나쁠 수는 있지만, 영원히 좋거나 나쁠 수는 없다."

즉석 EFT

이제 독자 여러분도 고통과 고난으로부터 의미와 선물을 발견할 수 있도록 다음과 같이 EFT를 해보자. 소리를 내어 따라 읽는 편이 좋지만, 상황이 불편하다면 속으로라도 음미하며 읽으라. 반드시 손날 타점을 톡톡톡 두드리면서 읽어야 원하는 결과를 얻을 수 있다.

문제를 인정하고 받아들이기

• 나는 지금의 고통이 그저 고통일 뿐이라고 생각하지만, 어쨌든 마음속 깊이 진심으로 나를 받아들입니다.

• 나는 그저 괴롭다는 생각에 그 안에서 아무런 의미도 찾지 못하지만, 마음속 깊이 진심으로 나를 받아들이고 그 괴로움의 새로운 의미와 가능성에 눈을 뜹니다.

• 나는 괴로워서 그저 미칠 지경이고 어서 빨리 벗어나기만 바라면서 더 괴로워하지만, 어쨌든 이런 나를 이해하고 받아들입니다.

마음 풀기

• 이 일이, 이 상황이, 저 사람이 너무 힘들다. 고통스럽다. 그런데 이 모두가 피할 수 없는 상황이다. 그럼 어떡할 것인가. 시험 앞둔 학생이 공부가 고통스럽다 한들 시험이 사라지나, 공부가 줄어드나. 피할 수 없는 고통을 고통스러워한들 그 고통이 줄어드나, 사라지나. 고통은 인생의 일부분이고, 고통을 피하는 것은 인생을 피하는 것이 아닌가. 그러니 피할 수 없는 고통은 받아들이자. 피할 수 없는 수고는 받아들이자. 이제 고통과 수고를 받아들이고 나니, 마음에 여유가 생기고 가벼운 기쁨마저 느껴진다.

확언하기

• 용광로의 열기가 쇠를 만들고, 인생의 고통이 나를 만든다.

• 피할 수 없는 고통이라면 받아들인다. 더 나아가 즐긴다.

• 모든 추억이 과거에는 고통이었다. 이 고통도 지나가면 추억이 된다.

• 모든 고난에는 숨겨진 선물이 있고, 모든 고통에는 숨겨진 의미가 있다.

• 고통은 인생의 일부분이다. 나는 인생을 온전히 받아들인다.

고통과 고난에 관한 촌철활인

— 모든 이가 아무 일 없이 살기를 바란다. 그런데 아는가. 그게 사실은 아무 일 없이 죽는 것이다! 사람들은 인생길이 쭉 뻗은 고속도로이길 바란다. 만약 그렇다면 그 길은 가장 빠르고 편안하게 죽음이라는 목적지에 도달하는 것 이외에 무슨 의미가 있겠는가!

— 시련과 고통을 너무 두려워하지 말라. 시련과 고통이 없으면 능력이 생기지 않는다. 어떤 고난도 다 선물이다. 극복하면 성공하고, 극복 못할 시련이면 해탈이라도 할 수 있다.

— 지금 추억으로 느끼는 모든 것이 그때에는 모두 고생이었다. 그러니 명심하라. 고통도 지나가고 나면 추억이 된다.

— 악역과 시련과 갈등이 없는 영화를 누가 보겠나. 마찬가지로, 악역과 시련과 갈등을 뺀 인생이 과연 살 만할까? 무난한 인생을 수십 년 사는 것은 지루한 영화를 수십 년 보는 것과 똑같다. 이렇게 무난한 인생을 살아내는 것은 사실 결코 무난하지 않을걸!

— 쓴맛 속에서 단맛을 볼 줄 알라. 그러면 모두 달게 느낄 것이다. 쓴맛이 다하면 단맛이 나기 마련이니, 쓴맛에서 단맛을 보라.

— 사서 고생하라. 안 그러면 어쩔 수 없이 고생하게 될지도 모른다.

— 고난은 중력과 같다. 중력이 약한 달에 가면 처음엔 날아다니지만 곧 근력이 약해져서 다시 걸어다닐 수밖에 없다. 마찬가지로 운 좋게 편하게만 살다 보면 약해빠져서 할 줄 아는 게 없어진다.

— 중력은 근력을 키우고 고난은 나를 키운다.

— 힘들면 힘 들어온다. 그러니 힘들게 살 줄 알라.

— 단것은 우선 맛있지만 곧 이가 썩고, 편하면 우선 좋지만 곧 내가 썩는다.

무서워서 아무것도 못하겠어요

~~~

소심한 사람은 매일 죽고 용감한 사람은 한 번 죽는다.
그러니 소심한 사람만큼 용감한 사람 없고 소심하게 사는 것만큼
두려운 것도 없다. 매일 죽을 고비를 넘겨야 하니까.

두려움은 눈 뜨고 꾸는 꿈이다

— 어느 연쇄살인범이 사형을 선고받고는 죽음이 너무 두려워서 집행일을 몇 달 앞두고 스스로 목매 죽었다.

— 어느 말기 암 환자는 앞으로 있을 치료 과정의 고통과 죽음이 너무 두려워서 병원빌딩 고층에서 스스로 뛰어내려 죽었다.

— 어느 보도에 의하면, 위암과 췌장암 환자의 83퍼센트가 영양실조 증상을 보인다고 한다. 실제로 전체 암 환자의 직접적인 사망원인 중 20퍼센트는 영양실조다. 심리적 불안감이 식욕부진을 불러오고, 그로 인한 극심한 영양실조가 죽음으로까지 이어진다는 뜻이다. 결국 암 환자의 상당수는 암 때문에 죽는 것이 아니라 암에 대한 두려움 때문에 죽는 것이다.

— 극심한 발표 공포가 있는 사람은 정작 자신이 발표할 때보다 앞사람이 발표할 때 가장 큰 공포와 두려움을 느낀다.

— 공황장애 환자는 지금 증세가 나타나지 않아도 언제 또 발작이 일어날지 몰라 항상 죽음의 두려움 속에 산다. 이런 불안을 '예기불안'이라고 한다.

이렇듯 두려움은 있는 그대로의 사실이 아니라 그와 관련된 '내 생각'으로부터 나온다. 쉽게 말해서 '~하니까' 두려운 것이 아니라 '~할까봐' 두려운 것이다. 그러나 그 생각은 사실이 아니다. 환상일 뿐이다.

'~하니까' 두려운 것은 그렇다 쳐도 '~할까봐' 두려운 것은 해결할 방법이 없다. 왜? 지금 여기에 없는 것에다 무슨 수로 손을 쓰겠나.

꿈에 두려운 것이 보이면 '악몽'이라고 한다. 악몽은 깨면 된다. 하지만 우리는 밤에만 악몽을 꾸지 않는다. 눈 뜨고 낮에 꾸는 악몽도 있다.

어찌 보면 인간은 밤에 실컷 악몽에 시달리다가 겨우 꿈을 깨서는, 다시 낮에 눈 뜬 채로 악몽을 꾸면서도 그것이 꿈이라는 사실조차 모른 채 살아가는 가련한 존재인지 모른다.

악몽 속에서 괴물에게 잡아먹힐 때 확실한 해결책은 괴물을 퇴치하는 것이 아니라 그냥 그 꿈에서 깨는 것이다. 공포영화를 보다가 너무 몰입해서 어쩔 수 없이 등골이 서늘할 때, 해결책은 영화 줄거리를 바꾸는 것이 아니라 그냥 영화를 꺼버리는 것이다.

마찬가지로 뭔가에 대한 두려움에 시달릴 때, 가장 확실한 해결책은 그 뭔가를 바꾸는 것이 아니라 그 뭔가에 대한 나의 마음을 꺼버리는 것이다.

"인간은 낮에 눈을 뜨면 잠에서 깬다고 생각하지만, 사실은 삶이라는 또 다른 꿈에 빠질 뿐이다. 밤에는 악몽을 꾸고 낮에도 악몽을

꾼다. 그러니 이제는 정말 잠에서 깰 때가 아닌가!"

그럼 어떡해야 실체 없는 두려움에서 벗어날 수 있을까? 결단, 오직 그것 하나뿐이다.

나폴레온 힐이 두 시간 뒤 사형될 죄수 하나를 만났다. 그는 같이 사형될 여덟 명의 죄수들 가운데 가장 평온해 보였다.

그의 특이한 모습에 의문이 생긴 힐이 물었다.

"자네는 좀 있으면 저세상으로 갈 텐데 어떤 기분인가?"

자신감 있는 미소를 띠며 죄수가 말했다.

"그저 좋지. 생각해보게, 친구. 이제 내 모든 고생은 곧 끝날 거야. 나는 평생 고생과 고통만 겪으며 살았네. 먹을 것과 입을 것을 구하느라 죽도록 고생만 했지. 이제 나는 그 모든 게 필요 없어지네. 내가 죽어야 한다는 사실을 확실히 알게 된 뒤부터는 그저 편안해졌네. 나는 내 운명을 편안하게 받아들이기로 결심했지."

그는 세 명이 충분히 먹을 양의 식사를 거뜬히 먹어치웠고, 게다가 정말 아무 일도 없는 사람처럼 그 맛을 즐겼다. 그는 단호하게 결단함으로써 자신의 운명에 이토록 무심해졌던 것이다!

한 공황장애 환자가 나를 찾아왔다. 그녀는 미국유학생이었는데, 고속도로에서 차를 몰다가 공황발작이 일어나서 온몸이 마비된 적이 있었다. 그녀는 갓길에 차를 세워 가까스로 위기를 모면했고, 그 후로도 비행기나 자동차 안에서 몇 차례 더 공황발작을 겪은 탓에 이제는 집 밖으로 나오기조차 힘든 상태였다. 게다가 가장 심한 발작이 한국으로 오는 비행기 안에서 일어났기 때문에, 사실은 일주일만 머물다가 다시 미국으로 가야 했는데 벌써 아홉 달이나 발이 묶여 있었다.

두세 달 치료를 받으며 증세가 많이 좋아진 그녀는 조만간에 미국으로 돌아갈 계획을 세웠다. 하지만 마음으로는 아직 엄두가 나지 않았다. 비행기 안에서 또 발작이 일어나서 죽을지도 모른다는 두려움이 여전히 남아 있었다. 그래서 일단은 시험 삼아 제주도행 비행기를 타보았고, 다행히 작은 성공을 맛보았다.

이제 남은 것은 만 하루가 꼬박 걸리는 미국행 비행기를 타는 일이었다. 그녀는 과연 성공할 수 있을까? 공황장애 환자가 공황발작이 일어났던 상황에 다시 노출되는 것은 호랑이 아가리에 머리를 들이미는 것만큼이나 두려운 일이 아닌가!

마지막 상담에서 그녀는 단호하게 말했다.

"비행기 안에서 죽더라도 갈 거예요. 저는 반드시 돌아가서 학업을 계속해야 해요."

이 말을 듣고 나는 이제 되었다는 확신이 들었다. 그리고 얼마 뒤에 미국에서 이메일이 날아왔다.

"덕분에 미국에 잘 도착했습니다."

그런데 결단이란 무엇인가. 어차피 겪을 일이라면 피하지 않고 받아들이겠다는 다짐이다.

두려움은 어떤 일이 일어날 것을 알면서도 그것을 겪지 않으려고 발버둥칠 때 생겨난다. 한마디로 '회피'가 두려움을 만든다.

"피할 수 없다면 겪어라. 피할 수 없다면 즐겨라."

지금까지 나의 말을 들은 독자들은 이렇게 반문할지 모른다.

"말이 쉽지. 그게 돼?"

그럼 내가 다시 묻는다.

"그럼 매일 벌벌 떨면서 어쩔 수 없이 사는 것은 쉬워?"

두려움은 내 꿈에 내가 쫓기는 것이다.

즉석 EFT

자, 여기서 두려움을 떨치고 삶을 최대한 만끽할 수 있도록 다음과 같이 EFT를 해보자. 필요하다면 몇 번 반복해도 좋다. 소리를 내어 따라 읽는 편이 좋지만, 상황이 불편하다면 속으로라도 음미하며 읽으라. 반드시 손날 타점을 톡톡톡 두드리면서 읽어야 원하는 결과를 얻을 수 있다.

문제를 인정하고 받아들이기

- 나는 아직 안 죽었지만 죽을까봐 두려워서 숨도 못 쉬고 살고 있다. 그런데 이게 과연 사는 것일까? 까짓거 그냥 안 두려워하면 안 될까? 어쨌든 나는 이런 나도 이해하고 받아들입니다.
- 나는 잘못될까봐 벌벌 떨면서 벌써 잘못되고 있지만, 어쨌든 마음속 깊이 진심으로 나를 받아들입니다.
- 나는 그 일이 벌써 끝났지만 또 생길까봐 불안해서 떨고 있다. 그런데 그 일 없어도 이렇게 평생 떨고 산다면 그 일이 있든 없든 무슨 상관인가. 어차피 나는 계속 떨고 있을 텐데. 어쨌든 나는 이런 나를 이해하고 믿고 받아들입니다.

마음 풀기

- 아직 안 일어나도 일어날까 무섭다. 이미 끝나도 또 생길까 무섭다. 막상 닥치니 오히려 좀 후련하다. 그렇다면 이 일이 무서운 건가, 이 일에 대한 내 생각이 무서운 건가. 안 좋은 일 미리 걱정하면 미리 괴롭고, 나중에 걱정하면 조금만 괴롭다. 어차피 겪을 일 미리 두려워하면 미리 겪는다. 피할 수도 없는 걸 미리 겪어서 무엇하나. 그냥 나중에 한 번만 겪자.

확언하기

- 나는 악몽에서 깨듯 두려움의 잠에서 깬다.
- 피할 수 없다면 겪는다. 피할 수 없다면 즐긴다.
- 나는 이왕 겪을 것 단 한 번 짧게 겪고 끝낸다.

죄책감

모두 내 잘못이라는 생각만 들어요

~~~~~

누구나 느끼지만 가장 쓸모없는 게 죄책감이다.
정작 죄책감을 느껴야 할 사이비 교주와 독재자와 흉악범은 안 느끼고,
안 느껴도 될 보통 사람들만 평생 죄인으로 살아가게 하니까!

죄책감보다는 책임감이다

몇 년 전 EFT 레벨2 워크숍을 진행할 때의 일이다. 어느 50대 여성이 일어나서 말했다.

"3년 전에 친구가 경제적 어려움에 빠져서 제게 도움을 요청했는데 도와주지 않았어요. 아주 가까운 친구이고 또 충분히 여력이 있었는데도 왠지 도와줄 마음이 생기지 않더라고요. 결국 그 친구가 하던 사업이 망했어요. 그 일 때문에 아직도 너무 괴로워요."

"그때 그 일로 여전히 괴롭군요. 그런 일이 있었다면 누구나 죄책감을 느끼겠죠. 그런데 지금 나의 죄책감으로 득을 보는 사람은 누군가요? 먼저 그 친구에게 나의 죄책감이 도움이 되나요?"

"(망설이면서) 아뇨."

"그럼 나에게는 도움이 되나요?"

"아뇨."

"그럼 나에게도 친구에게도 도움 안 되는 죄책감을 누구를 위해 왜 느껴야 하죠?"

"그렇긴 하지만 죄책감을 느끼는 것은 당연한 일이잖아요."

"네, 당연하게 보이죠. 그런데 혹시 선생님의 요즘 경제 사정은 어떤 가요?"

"솔직히 그때는 괜찮았는데 최근엔 저도 하던 사업이 잘 안 돼서 많이 힘들어요."

"사업이 힘들수록 친구에 대한 죄책감이 더 커지지 않나요?"

"맞아요."

"왜 사업이 안 되는 줄 아세요?"

"그야 뭐, 요즘 상황도 운도 안 따라주고 제 능력도 예전만 못하니까요."

"그것보다 중요한 게 있어요. 자, 저를 따라서 크게 세 번 외쳐보세요. — 나는 잘 되면 안 될 것 같다.(여성이 따라 외친다) — 이제 어떤 느낌이 들죠?"

"(갑자기 충격을 받은 듯) 엇, 이럴 수가! 저도 몰랐는데 이 말을 외치자마자 속에서 '맞아!' 하는 소리가 강하게 올라왔어요. 이게 무슨 일이죠? 저는 사업을 살리려고 그렇게 애를 쓰고 있는데…."

"그게 죄책감이에요. 죄책감이란 한마디로 '나는 잘되면 안 된다. 행복하게 살면 안 된다'는 무의식적 신념이죠."

"그랬군요. 사실 잘나가던 사업이 친구 일 겪고 나서 갑자기 기울기 시작했어요. 저도 영문을 몰랐는데 이제 전부 이해가 되네요. 그럼 이 죄책감을 어떡하죠?"

"자, 그럼 다시 저를 따라서 두드리세요. — (손날점을 두드리면서) 나의 죄책감으로 득 보는 사람은 누구일까? 친구일까, 나일까? 아무도 없는데 왜 계속 느껴야 할까? 이제 그만 느끼면 안 될까? 죄책감을 느끼는 게 당연하지만 이 정도 고생하고 느꼈으면 충분하지 않을까? 앞으로 얼마나 더 망가질 때까지 느껴야 할까? 하지만 어쨌든 무조건 이제는 이런 나도 이해하고 용서하고 사랑하고 받아들입니다. — 지금은 어떤 느낌이 들죠?"

"이제는 죄책감을 벗어도 될 것 같다는 느낌이 들어요. 하지만 지은 죄가 있는데 아무 일 없다는 듯 그냥 벗어도 될까요?"

"자, 그럼 다시 따라서 두드리세요. — (손날점을 두드리면서) 죄책감이 드는 것은 당연하지만 그것 때문에 같이 망가지는 편이 나을까? 아니면 지금이라도 죄책감을 벗고 내 사업부터 살려서 아직도 힘든 그 친구에게 늦게나마 도움을 주는 편이 나을까? 같이 망가지는 게 나을까, 아니면 지금이라도 내가 살아서 친구에게 책임을 다하는 게 나을까? 어쨌든 이제는 이런 나를 믿고 받아들입니다. — 지금은 기분이 어떠세요?"

"(같이 두드리다가) 정말 그렇군요! 이제라도 친구에게 책임을 질 수 있군요. 같이 망가질 게 아니라 제가 일어서서 친구에게 도움이 되고 우정도 다시 회복해야겠어요. 선생님, 정말 감사합니다."

보다시피 죄책감의 끝은 더 심한 죄책감이다. 과거의 죄가 현재의 죄책감을 낳고, 죄책감이 또다시 미래의 죄를 낫는다. 그래서 죄책감은 영원한 굴레다.

그럼 죄책감의 해결책은 무엇인가. 바로 '책임감'이다. 지금이라도 내가 한 일에 책임을 지려고 할 때 죄책감은 해결될 수 있다. 죄의 해결책은 지난 것에 대한 죄책감이 아니라 남은 것에 대한 온전한 책임이다.

"죄책감보다는 책임감을 느껴라."

당신이 차를 빼다가 주차되어 있던 옆차를 긁었다. 그때 차주는 당신이 죄책감을 느끼기를 바랄까, 아니면 책임지기를 바랄까? 당연히 책임지기를 바란다. 남의 차 긁었다고 죄책감 느끼는 것은 나의 자유지만 차주가 바라는 것은 그게 아니다.

인간은 살면서 누구나 실수(나는 '죄'라는 말을 쓰지 않는다)를 저지를 수 있다. 그런데 실수를 회복할 때 가장 중요한 것은 죄책감이 아니라 책임감이다.

세상에서 받은 것은 세상으로 돌려라

그런데 내가 책임지고 싶어도 책임질 수 없을 때에는 어떡해야 할까?

어느 날 한 50대 여성이 나를 찾아왔다. 그녀는 유방암으로 세 번이나 수술을 받아서 가슴 한쪽이 없었고, 그럼에도 암은 계속 재발했다.

여러 번의 상담 끝에 마침내 그녀에게 유방암을 일으킨 결정적인 단서가 나왔다.

"오래전에 대학생일 때 한 선배와 깊게 사귀었어요. 그때는 결혼할 사이라고 생각하고 여러 번 관계를 가졌는데, 제가 무지해서 피임을 잘 못했어요. 그래서 여러 번 임신을 했고 어쩔 수 없이 그럴 때마다 낙태를 했어요. 그 뒤에 결국 다른 남자와 결혼했는데, 제가 그때 죽인 아기들을 생각하면 저는 절대로 용서를 못 받을 것 같아요.

"(그녀가 기독교인임을 감안하여) 하나님께 용서는 빌어보셨나요?"

"한 목사님께 고백했더니 '자신도 잘 모르겠다'고 하셨고, 다른 목사님은 '그래도 하나님은 용서하실 거예요'라고 하셨는데, 사실 잘 모르겠어요."

"하나님은 한 분이신데 왜 답이 두 가지죠? 하여튼 저를 따라서 말해보세요. — 나는 행복하게, 건강하게 살 수 있다! — 크게 다섯 번 외쳐보세요."

"(몇 번 따라 하다가 갑자기 통곡하면서) 흑흑, 저는 절대로 그럴 수 없어요. 저는 아기들을 죽였어요. (한참을 계속 흐느끼면서) 흑흑흑…."

결국 그녀의 암이 자꾸 재발했던 결정적인 원인은 과거에 아기들을 죽였다는 죄책감이었다.

그럼 이처럼 심각한 죄책감은 어떻게 풀어나가야 할까? 이미 죽은 아기들을 그녀가 어떻게 책임질 수 있을까?

"(타점을 두드리면서 어느 정도 진정시킨 다음에) 자, 그래요. ○○님은 정말 심각한 죄를 지었습니다. 아기들을 여럿이나 죽였습니다. 이것은 절대 용서가 안 될 것 같습니다. 그런데 제가 질문 하나 할까요? 어떤 사람이 과거에 몇 명의 사람을 죽였어요. 그런데 이 사람이 '나는 이미 살인자야'라고 생각하면서 자포자기해서 다시 또 한 명을 죽인다면 어떨까요? 이미 용서받지 못할 큰 죄를 지었다고 해서 다시 또 죄를 지어도 되는 걸까요?"

"그것은 안 되죠. 아무리 죄를 지었어도 또다시 죄를 지으면 안 되죠."

"그런데 ○○님은 아기들을 죽였다는 죄책감 때문에 다시 자기 자신을 불행하게 만들어 죽이고 있어요. 그래도 되는 일일까요?"

"그렇지만 남에게 죄를 짓는 것과 나에게 짓는 것은 다르잖아요."

"나 자신이라고 해서 함부로 괴롭히고 죽이는 것이 죄가 안 되나요? 나든 남이든 모두 똑같은 생명 아닌가요?"

"(망설이다가) 선생님 말씀이 맞아요."

"그럼 이 죄를 계속 짓고 싶어요?"

"이제는 그만 지어야 할 것 같네요. 하지만 이미 지은 죄가 사라질 순 없잖아요."

"사라질 수 없는 죄를 지었다고 죄를 계속 더 지을 건가요?"

"(당황하고 혼란스러워하다가) 아뇨."

"○○님의 죄책감으로 득 보는 사람은 누구죠? 아기들인가요, 아니면 나인가요?"

"아무도 없어요."

"그럼 손해 보는 사람은요?"

"저요. 그리고 가족들도 저 때문에 너무나 힘들죠.(순간 가족 생각에 흐느낀다.)"

"그럼 이 죄책감은 도대체 누굴 위한 거죠?"

"어찌 보면 바로 제가 느끼고 싶어 했나 봐요. 결국 그것마저도 저를 위했던 걸까요? 제 죄책감 때문에 같이 힘들었던 가족들을 생각하니

제가 너무 이기적이라는 생각이 들어요. 도대체 어떡해야 하죠?"

"내가 한 일에 대해 죄책감을 느끼기보다는 책임을 지셔야죠."

"하지만 이미 죽은 아기들을 어떻게 책임지죠?"

"○○님은 엄마 뱃 속에 있기 전에 어디서 왔죠?"

"그냥 없었죠. 어느 순간 아빠와 엄마 사이에서 생겨났고요."

"그러면 나는 없었다가 생겼고, 또 약간의 시간이 지나면 없어지겠죠. 달리 보면 내 몸은 모두 흙과 공기에서 온 것이니, 나는 이 세상에서 났다가 다시 세상 속으로 흩어져 사라지겠죠? (그녀가 끄덕인다.) 그럼 그 아기들도 한순간 이 세상에서 났다가 다시 세상 속으로 흩어져 사라졌겠네요. (다시 끄덕인다.) 그렇다면 그 아기들이 과연 영원히 사라진 것일까요?"

"……."

"일단 건강부터 회복하세요. 그리고 본인도 잘 살면서, 내가 죽인 아기들의 수만큼 이 세상의 다른 아기들을 살리세요. 지금 지구에는 못먹어서 죽어가는 아기들이 수없이 많아요. 열심히 살아서 그 아기들에게 후원금을 보내세요. 죄책감보다는 살아서 책임을 지세요."

"(얼굴이 활짝 펴지면서) 정말 그렇군요. 제가 먼저 살아야 이 세상의 아기들을 살릴 수가 있겠군요."

쌩까라

어떤 죄책감은 그저 잊는 게 해결책인 경우도 있다.

어느 30대 후반 여성이 공황장애로 나를 찾아왔다. 그리고 몇 번의 상담을 통해 그녀에게 불안감을 주고 있는 하나의 핵심주제가 드러났다.

"사실은 제가 결혼 전에 깊이 사귀던 남자가 있었어요. 결혼까지 갈 줄 알았는데, 남자 쪽 어머니가 극렬하게 반대해서 결국 깨졌어요. 그 과정에서 제가 임신을 했다가 어쩔 수 없이 아기를 지웠어요. 그것 때문에 남편에게 항상 미안하고, 남편이 혹시라도 알게 될까봐 늘 불안해요. 제 과거를 어떡해야 할까요? 알리고 용서를 빌어야 할까요?"

그녀는 이미 초등생 아이 둘의 엄마였고 결혼생활도 나름대로 안정적이었다. 과연 남편에게 과거를 알리고 용서를 구하는 것이 최선책일까?

이에 나는 다음과 같이 조언했다.

"남자 입장에서 말씀드리죠. 제가 남편 입장이라면, 그런 얘기를 들으면 용서하고 말고를 떠나서 새삼스럽게 그런 과거사를 꺼낸 ○○님이 정말 미울 것 같아요. 차라리 평생 모르고 살기를 바랄 것 같아요. 게다가 한편으로는, ○○님이 자기 죄책감을 벗으려는 이기적인 마음으로 그 짐을 도리어 남편에게 던져 괴롭게 만든다는 생각도 들어요. 어떻게 생각하세요?"

"남편 입장에선 정말 그럴 수 있겠네요."

"그럼 나만 용서받자고 남편을 그렇게 힘들게 만들고 싶어요?"

"아뇨. 그런데 용서받지 못하면 평생 남편을 제대로 볼 수 없을 것 같아요."

"누가 용서 못하죠? 남편인가요, 나인가요?"

"그러고 보니 나네요."

"그럼 자신을 용서하세요."

"어떻게요? 너무 뻔뻔하고 염치가 없잖아요."

"내가 나를 용서 못하면 가족은 어떻게 되죠? 죄 없는 남편은요? 아이들은요? 내 죄책감 때문에 지금 가족은 어떤 상황이죠?"

"남편은 항상 저를 걱정해요. 아이들도 무서워하고요. 저는 가족을 제대로 챙기지 못하고 있어요."

"그럼 그런 죄책감을 누굴 위해 계속 가질 거예요? 가족을 위해서라도 죄책감을 벗어야겠다고 생각하지 않아요?"

"네, 그러네요. 그런데 어떻게요?"

언제까지 죄책감을 지고 다닐 것인가!

"그냥 쌩까세요. (처음엔 놀라다가 킥킥 웃는다.) 과거에 아무 일 없었다는 듯이 씩씩하게 살면서 남편 잘 챙기고 아이들 잘 돌보고 행복하게 사세요. 그래서 남편도 행복하고 아이들도 행복하면 가족에 대한 나의 책임을 다한 거예요. 죄책감보다는 책임감을 느끼세요."

"(얼굴에 빛이 비치면서) 정말 그럴 수도 있군요. 그런데 정말 그래도 되나요?"

"남자 입장에서 다시 말씀드릴게요. 부부 사이에도 모르고 지나가야 할 게 있어요. 특히 서로의 과거는요."

"그렇군요. 그럼 이젠 선생님 말씀대로 제 과거를 정말로 쌩깔 거예요."

이제 죄책감을 벗기 위해서 다음과 같이 EFT를 해보자. 필요하다면 다음 과정을 여러 번 반복해도 좋다. 소리를 내어 따라 읽는 편이 좋지만, 상황이 불편하다면 속으로라도 음미하며 읽으라. 반드시 손날 타점을 톡톡톡 두드리면서 읽어야 원하는 결과를 얻을 수 있다.

문제를 인정하고 받아들이기

• 나는 과거에 지은 죄로 죄책감을 느낀다. 그런데 나의 죄책감으로 나만 망가지면 되는데 나의 가족도, 형제도, 부모도, 동료도 같이 힘들고 망가진다. 왜 내 죄책감 때문에 내 가족까지 힘들고 망가져야 하나. 어쨌든 마음속 깊이 진심으로 이제는 나를 조금이라도 이해하고 받아들입니다.

• 나는 그때 내가 한 일 때문에 죄책감을 느낀다. 그런데 이 죄책감이 누구를 구원하며 누구에게 도움이 될까? 그 당사자도 나의 죄책감으로 좋을 게 없고 나도 좋을 게

없는데, 누구 좋으라고 계속 죄책감 느끼면서 망가져야 할까? 어쨌든 이제는 나를 이해하고 믿고 사랑합니다.

- 나는 그때 그 일로 죄책감을 느낀다. 이제는 이 느낌을 벗어던지고 싶다. 하지만 벗으면 내가 너무 뻔뻔할 것 같다. 그런데 안 뻔뻔하려고 이렇게 계속 망가져야 할까? 이미 충분히 고생하지 않았나. 이제는 조금 뻔뻔하더라도 충분히 속죄한 것이 아닐까? 어쨌든 나를 이해하고 믿고 받아들입니다.

마음 풀기

- 내 죄책감이 누굴 기쁘게 해주는가. 그 사람인가, 나인가, 내 가족들인가. 왜 내 죄책감으로 내 주변 사람들까지 힘들어야 하나. 정작 당사자도 좋을 일 없는데 나는 언제까지 이 죄책감을 짊어지고 살아야 하나. 이미 충분히 짊어지지 않았나. 게다가 왜 가족들까지 내 죄책감에 희생되어야 하나. 그러니 이제는 조금이라도 내려놓아도 되지 않을까? 내가 아닌 가족들을 위해서라도.

확언하기

- 나는 나를 용서한다. 더불어 타인과 세상도 용서한다.
- 나를 용서할 줄 알 때 세상과 남을 모두 용서할 수 있다.
- 자기 용서가 모든 용서의 기본이다. 나는 나를 용서하고 모두 용서한다.
- 나는 과거의 죄책감보다는 현재와 미래의 책임감을 선택한다.

남들이 욕할까봐 못하겠어요

~~~~~

세상은 늘 씹고 씹히는 곳이다. 그러니
안 씹히는 것보다 씹혀도 굴하지 않는 게 중요하다.

예수도 공자도 석가도 씹혔다

많은 사람들이 꿈과 아이디어가 있어도 성공에 이르지 못하는 가장
큰 이유는 비난과 비판에 대한 두려움이다. 두려움 때문에 우리는 평생
별 볼일 없이 산다. 예를 들어보자.

— 내가 튀면 사람들이 싫어할 거야.
— 내가 이런 생각을 하면 사람들이 어떻게 생각할까?
— 내가 하는 일이 사람들 마음에 안 들면 어떡하지?
— 나는 옳다고 생각하지만 사람들이 싫어하면 어떡하지?
— 사람들이 내 생각을 비웃으면 어떡하지?
— 사람들이 별난 짓 한다고 하지 않을까?
— 사람들이 쓸데없는 짓 한다고 하지 않을까?
— 사람들이 불가능한 짓 한다고 하지 않을까?

그런데 생각해보자. 역사상 가장 위대한 인물이 누구인가. 예수나 공자, 석가일 것이다. 이분들은 역사상 그 누구보다도 훌륭한 분들인데도 당대에는 다 세상의 비판과 비난을 받았다. 한마디로 말하면 "예수나 공자나 석가도 모두 누군가에게는 씹혔다."

결국 아무리 훌륭한 말이나 행동을 해도 일부의 사람들은 반드시 씹고 뜯는다. 그것이 세상의 이치다. 그러니 누구에게도 안 씹히는 유일하고 가장 확실한 방법은 아무 말도, 아무 행동도 하지 않는 것이다.

사업도 마찬가지다. 요즘 최고의 CEO로 꼽히는 고故 스티브 잡스는 25세에 애플2 컴퓨터로 대박을 냈지만, 30세에는 매킨토시 컴퓨터가 실패하면서 자기가 만든 회사로부터 쫓겨났고 이후로 15년 정도는 시도하는 일마다 실패하면서 쓸데없는 짓 한다고 세간의 조롱거리가 되었다. 그러다 아이팟과 아이폰과 아이패드가 대박을 내면서 다시 화려하게 재기했다.

그럼 그동안 잡스는 다른 사람이었던가. 아니다. 그는 세상이 비난하든 칭송하든 그냥 그였을 뿐이다. 그는 세상의 비난 속에서도 꿋꿋이 자신을 믿고 새로운 것을 시도한 끝에 결국 재기에 성공한 것이다.

이렇게 세상의 비난과 비판은 덧없는 것이다. 세상은 잘되면 칭찬하고 잘못되면 비난하기 마련이다. 그래서 성공에 대한 평가는 다음과 같이 정리할 수 있다.

"잘하니까 성공한 게 아니라, 성공하니까 잘한 거다. 세상은 성공하기 전까지는 씹기 마련이다."

이렇게 비난과 비판은 물이나 공기처럼 세상의 일부분이고 인생의 일부분이다. 우리는 늘 씹고 씹힌다. 그러니 물에 젖지 않는 기름종이처럼 세상의 비난과 비판에 젖지 않고 내 삶을 꿋꿋이 살아갈 수 있도록 다음과 같이 EFT를 해보자.

필요하면 다음 과정을 반복해도 된다. 소리를 내어 따라 읽는 편이 좋지만, 상황이 불편하다면 속으로라도 음미하며 읽으라. 반드시 손날 타점을 톡톡톡 두드리면서 읽어야 원하는 결과를 얻을 수 있다.

문제를 인정하고 받아들이기

- 나는 사람들의 평가가 두려워서 시도하지 못하는데, 아무것도 못하면 비난도 안 받지만 칭찬도 못 받는다. 비난과 비판을 안 받는 것은 좋지만, 비난과 비판을 받지 않으려고 아무것도 못하는 삶이 과연 삶인가. 어쨌든 무조건 나는 나를 이해하고 받아들입니다.

- 나는 내 생각과 행동을 사람들이 비판할까봐 두려워서 아무것도 못하는데, 그 사람들이 내 인생 대신 살아주나. 왜 내 인생을 남들 눈치 보면서 살아야 하나. 게다가 뭔가 시도하다가 비판받는 것이 아무것도 안 해서 비판받을 거리도 없는 것보다 더 나을 게 뭔가. 숨만 쉬고 사는 게 삶인가. 어쨌든 무조건 나를 이해하고 믿고 받아들입니다.

- 나는 사람들의 비난과 비판이 두렵다. 그런데 공자도 예수도 석가도 다 씹혔다. 내가 무슨 용가리 통뼈라고 안 씹히고 사나. 세상이란 씹고 씹히는 곳이 아닌가. 어쨌든 나를 이해하고 믿고 받아들입니다.

마음 풀기

• 사람들의 비난과 비판이 신경 쓰인다. 두렵고 걱정된다. 그렇다면 아무것도 안 하면 된다. 그런데 아무것도 안 하면 100퍼센트 실패한다. 게다가 또 결국에는 아무것도 안 한다고, 아무것도 못한다고 사람들이 비난하고 비판한다.

• 해도 욕 듣고 안 해도 욕 듣는다. 그럴 바에야 해보고 싶은 것들, 생각나는 것들, 시도라도 해보고 욕 듣자. 안 해보고 욕 듣느니 해보고 욕 듣자. 자꾸 하다 보면 성공도 하게 되고, 그러면 그 전에는 욕하던 사람도 이제는 다시 본다. 그러니 사람들이 비웃을 땐 보란 듯이 더 뻔뻔하게 해서 확 성공해버리자.

확언하기

• 사람들은 해도 욕하고 안 해도 욕한다. 그러니 그냥 해라.

• 들은 욕이 아까워서라도 보란 듯이 성공하자.

• 비난과 비판에 대한 가장 확실한 해결책은 안 하는 것이 아니라 될 때까지 하는 것이다.

• 나는 사람들의 비판보다 나를 믿는다.

실패와 좌절
나는 되는 게 없어요
~~~

무술은 맞으면서 배우는 것이고, 성공은 실패하면서 얻는 것이다.
모름지기 가장 큰 교훈은 실패로부터 얻기 마련이다.
그러니 자주 실패해보라. 단, 같은 실패를 반복하지는 말라.
그것은 태만이나 무지의 산물이다. 새로운 실패 속에는 늘 배울 게 있다.

나에게 좌절하지 않는 한 좌절은 없다

1992년에 한의대에 입학하면서 의학에 입문한 지 만 20년!

나는 질병 앞에서 무기력한 의사로 사느니 차라리 죽겠다고 거듭 다짐했다. 내게 의학은 그저 호구지책이 아니라 에베레스트였고, 나는 그 산의 등반가였다. 살아 있는 한, 정상을 밟지 않고는 그만둘 수 없었다.

그럴 만한 이유도 있었다. 일찍이 네 명의 가족 중 셋이 중환자였다. 내가 중학교 때 아버지는 류머티즘 관절염이 생겼고, 고등학교 때 어머니는 신부전증으로 중환자실을 들락거렸고, 대학교 때 동생은 디스크로 허리를 못 썼다.

아무리 내가 멀쩡해도, 이런 무자비한 병을 앓는 가족들을 보는 것은 그 자체로 무시무시한 고통이었다. 가족들의 아픔 앞에 아무것도 할 수 없는 나의 무지와 무기력함에 이가 갈렸다. 그때부터 기필코 목숨을 걸고 질병을 정복하겠다고 수천수만 번도 더 다짐했을 것이다. 병을 고칠

64

수만 있다면 악마에게 영혼이라도 팔고 무당의 푸닥거리라도 하겠다고 생각했다.

그렇게 애를 썼건만 의학은 쉽게 정상을 허락하지 않았다. 약 14년 동안은 도대체 빛이 안 보여서 그냥 죽어야 할 것 같았다. 아, 14년간 걷고 또 걸었어도 끝이 보이지 않는 터널! 그러나 실패로 인한 좌절은 참을 수 있어도 노력하지 않는 나에 대한 좌절은 참을 수 없었다.

좌절감이 들 때마다 나는 스무 살에 눈물 흘리며 본 카뮈의 책《시시포스 신화》의 내용을 되새기며 생각했다.

'삶은 부조리하다. 나의 이 모든 노력은 물거품이 될 수도 있다. 그게 부조리니까. 하지만 그럼에도 부조리에 저항하는 나의 노력은 결코 부조리하지 않다. 삶도, 세계도 모두 부조리하다. 하나 나의 진심 어린 노력이 이 부조리에서 나를 구원한다. 그래, 나는 영원히 도로 굴러 내려오는 바위를 산꼭대기로 영원히 밀어올리는 시시포스다!'

'무조건적인 내면의 성실'이라는 카뮈의 개념이 그때 내게는 구원자였다.

어쨌든 그러다가 기적같이 EFT를 만나 심신의학을 이해하게 되면서 마침내 그 기나긴 여정이 결실을 맺었다.

20여 년이 지나서 보니, 각종 통증과 심리질환의 치료에서 나는 이미 목표를 달성했다. 이 분야에서 나보다 잘할 사람은 없을 거라고 감히 생각한다. 기타 소화기 질환, 불면증, 만성피로, 아토피 등의 온갖 만성 난치병에도 내 치료법은 충분한 효과를 내고 있다.

게다가 확언과 EFT로 무의식을 변화시켜주다 보니, 나는 사업가와

수험생 등 온갖 사람들의 인생문제도 컨설팅하고 해결해주게 되었다.

얼마 전에는 나보다 열 살쯤 많은 의사분이 EFT 강의를 들은 뒤에 뒤풀이에서 이렇게 물었다.

"아직 젊은 당신도 이 정도로 하는데, 나나 다른 사람들은 왜 그렇게 안 될까요?"

"저는 목숨을 겁니다."

나는 내 인생을 걸고 이것 한 가지는 확실히 말할 수 있다.

"나 자신에게 좌절하지 않는 한 좌절은 없다."

즉석 EFT

그러면 이제 시시포스처럼 내 삶을 꿋꿋이 살아나갈 수 있게 다음과 같이 EFT를 해보자. 필요하다면 다음 과정을 반복해도 된다. 소리를 내어 따라 읽는 편이 좋지만, 상황이 불편하다면 속으로라도 음미하며 읽으라. 반드시 손날 타점을 톡톡톡 두드리면서 읽어야 원하는 결과를 얻을 수 있다.

문제를 인정하고 받아들이기

- 나는 지금 너무 크게 넘어져서 다시 일어설 힘도 자신도 없지만, 어쨌든 나를 이해하고 받아들입니다.
- 나는 이제 더 이상 어쩔 도리가 없다고 생각하지만, 어쨌든 마음속 깊이 진심으로 나를 이해하고 받아들입니다.
- 나는 '이게 다야, 이게 나야'라고 생각하면서 주저앉고 싶지만, 어쨌든 나를 이해하고 사랑하고 받아들입니다.

마음 풀기

- 더 이상 어쩔 도리가 없다. 더 이상 방법이 없다. 그냥 이대로 주저앉고 싶다. 하지만 좌절하는 것은 쉽지만 좌절한 채로 살아가는 것은 어디 쉬운 일인가. 다시 도전하는 것은 어렵다지만 이대로 살아가는 것은 안 어려운가.
- 그러니 잠시 주저앉아 쉬더라도 다시 일어나자. 한숨 돌리고 다시 해보자. 작은 것이라도 다시 한 번 해보자. 가장 허무한 일은 해도 안 되는 것이 아니라, 안 될까봐 아예 안 하는 것이다. 되지 않는 게 좌절이 아니라, 하지 않는 게 좌절이다. 어떤 것도 나를 좌절시킬 수 없다. 내가 나를 좌절시킬 뿐이다.

확언하기

- 나는 될 때까지 꾸준히 방법 바꿔가면서 한다.
- 시행착오가 쌓여 시행성공이 된다.
- 나는 실패와 좌절이라는 불꽃 속에서 다시 더 아름답게 태어나는 불사조다.

실패에 관한 촌철활인

— '아무리 해도 이게 다야!' 이런 생각이 들 때 곧장 한 걸음 더 나아가라. 새 세상이 뻥 뚫릴 것이다. 모든 한계는 나의 한계가 아니라 내 경험의 한계임을 명심하라.

— 같은 실수를 반복하지만 않는다면 실패나 실수만큼 큰 학습의 기회는 없다. 그러니 자주 실패하라. 단, 같은 실패를 두 번 하지는 마라.

— 사람들은 된다고 믿었다가 안 되면 좌절할까봐 잘 안 믿는다. 그런데 좌절할 것도 없는 삶이 좌절한 삶보다 나을 게 뭐가 있나. 그러니 좌절에 상처받기보다는 좌절도 못 해본 것에 상처받으라. 실패한 연애는 추억이라도 되지만 고백조차 못한 짝사랑은 마음만 짠하다.

— 안 되더라도 자꾸 시도하라. 방법 바꿔가면서 피드백 받으면서 하다 보면 된다. 시행착오가 모여 시행성공이 된다.

— 못 살겠다고 하면서도 다 살더라. 그러니 이왕 살 거 살 만하다고 하면서 살아라. 힘들다고 하면서도 다 하더라. 그러니 이왕 할 거 할 만하다고 하면서 해라. 못한다고 하면서도 닥치면 다 하더라. 그러니 이왕 할 거 할 수 있다고 하면서 해라.

— 아무것도 되는 일이 없다고? 그럼 이제 안심하라. 지금부터는 될 일만 남았으니까. 최악일 때가 종종 최상의 시작이다.

— 나는 아직 안 된 것이 없다. 된 것과 되고 있는 것이 있을 뿐. 되기 전까지는 모두 되고 있을 뿐.

— 큰 성공은 모두 좋은 실패에서 온다. 그러니 실패가 나쁜 게 아니라 포기하는 게 나쁘다.

— 되기 전에 그만두면 실패라고 하고, 될 때까지 하면 성공이라고
한다. 되는 일과 안 되는 일이 있는 게 아니라, 되기 전에 그만두는 사
람과 될 때까지 하는 사람이 있을 뿐이다.

열등감과 창피함

나만 못난 것 같아요

못난 사람은 없다.
다만 못난 생각을 하는 사람이 있을 뿐.

쓸모없는 사람이 되어라

어느 산에 겉보기엔 제법 크고 괜찮은 나무가 있었는데 아무도 거들 떠보지 않았다. 그 산을 지나던 목수의 제자가 스승에게 물었다.

"스승님, 저 나무에 왜 아무도 관심을 갖지 않죠?"

"저 나무는 진이 많고 틀어져서 목재로도 쓸 수가 없고, 숨구멍이 없어 불쏘시개도 되지 못한다. 그러니 아무짝에도 쓸모가 없어 저렇게 버려져 있는 것이다."

그런데 이렇게 쓸모없어 무관심하게 버려졌던 나무가 오랜 세월이 지나자 63빌딩만 한 높이와 크기가 되었다. 여름에는 큰 그늘을 드리워 온 세상을 다 태울 만한 강렬한 햇볕을 싹 가려주었고, 사시사철 우거진 거대한 녹음과 가을의 단풍도 참으로 장관이었다. 이에 그 밑에 모인 사람들의 모습이 마치 거대한 박람회장의 인파처럼 보일 정도였고, 그 거대한 아름다움은 이웃 여러 나라의 백성들까지 불러들일 정도로 대단했다.

이 나무는 너무나 쓸모없어서 마침내 큰 쓸모를 이루었던 것이다. 이후로 이 나라 사람들은 이런 말을 종종 하게 되었다.

"쓸모없는 것이 큰 쓸모가 있다(無用之大用)."

사실 자연의 나무는 큰 재목이 되거나 좋은 화력을 제공하기 위해 세상에 난 것이 아니다. 그저 자연 속에 나서 자신의 생명을 누리는 것 자체가 유일한 목적일 뿐이다. '유용성'이라는 인간의 잣대는, 나무의 입장에서는 오히려 본성을 해치고 생명을 깎아먹는 독과 같다.

마찬가지로 우리도 태어나서 살아가는 것 자체가 우리 삶의 유일한 가치이자 목적이다. 외부에서 주어지는 인정과 가치와 명예는 외부의 것이지 우리 내부의 것이 아니다. 이것은 소에게 코뚜레를 끼우고 멍에를 씌우는 것과 같다.

외부의 인정, 명예, 사랑, 돈, 지위… 그 모든 멍에와 코뚜레를 벗어던지고 세상에서 쓸모없는 인간으로서 살라. 오로지 나의 내면의 쓸모에 만족하는 사람으로 살아가라.

"내 인생은 나의 것. 내 인생 내 맘대로, 느낌 가는 대로 나를 위해 살아가라."

그러니 내가 쓸모없는 사람이라고 느껴진다면 다음과 같이 EFT를 해보자. 필요하다면 다음 과정을 반복해도 좋다. 소리를 내어 따라 읽는 편이 좋지만, 상황이 불편하다면 속으로라도 음미하며 읽으라. 반드시 손날 타점을 톡톡톡 두드리면서 읽어야 원하는 결과를 얻을 수 있다.

문제를 인정하고 받아들이기

• 나는 내가 능력 없고 못났고 볼품없고 쓸모없다고 생각하지만, 마음속 깊이 진심으로 나를 이해하고 받아들입니다.
• 나는 잘하는 게 하나도 없어서 기가 죽지만, 마음속 깊이 진심으로 나를 받아들입니다.
• 나는 능력도 없고 할 줄 아는 것도 없고 내세울 게 하나도 없어 초라하고 볼품없지만, 마음속 깊이 진심으로 나를 받아들입니다.

마음 풀기

• 더는 할 줄 아는 게 없다. 볼 것도 없다. 내세울 것도 없다. 잘난 게 하나도 없다. 세상에 쓸모가 없다. 그런데 나무는 불쏘시개 되려고 자라고, 닭은 치킨 되려고 태어나나. 마찬가지로 나는 세상에 쓸모 있으려고 사는 것인가. 못난 나무가 선산 지킨다. 못난 나무가 고목 된다. 그러니 잘나면 재목이 되고, 못나면 선산 지키고 고목 되면 된다.
• 나무는 불쏘시개로 쓰이든 말든 나무일 뿐이고, 닭은 치킨이 되든 말든 닭일 뿐이고, 나는 그냥 나일 뿐이다. 왜 내가 세상에, 사람들에게 쓸모가 있고 보여줄 게 있어야 하나. 그러니 나는 그냥 나다. 나는 내가 좋아 산다. 나를 위해 산다. 나 잘난 맛에 산다.
• 니 힘으로 니가 잘나서 잘나게 사는 것은 좋다. 그런데 내가 내 힘으로 나 못나게 사는데 니가 보태준 것 있나. 니가 보태준 것 없고 내가 내 힘으로 사는데 왜 내가 월세 못 낸 세입자처럼 네 눈치를 봐야 되나. 그러니 나는 그냥 내 못난 맛에 산다. 나 못나서 너 잘나니까 좋지? 그러니 너 잘난 것도 다 내 덕이야. 내가 이 세상 많은 사람들 잘나게 해줬다.^^

여기서 또 하나 말해두고 싶은 중요한 사실은, 크게 쓰이려면 반드시 오랜 기간 쓰임새가 없는 단련 과정을 거쳐야 한다는 점이다. 그러니 정말 큰일을 하고 싶은 사람은 반드시 다음 문장을 기억하라.

"큰 쓰임새는 오히려 아무 쓰임새가 없는 듯하고
크게 담을 그릇은 이루는 데 시간이 걸린다."

(大用若無用 大器晩成)

그러니 지금 내가 아직 큰 그릇과 큰 나무가 못 되어 마음이 조급하다면 다음과 같이 확언과 EFT를 해보자. 소리를 내어 따라 읽는 편이 좋지만, 상황이 불편하다면 속으로라도 음미하며 읽으라. 반드시 손날 타점을 톡톡톡 두드리면서 읽어야 원하는 결과를 얻을 수 있다.

문제를 인정하고 받아들이기

• 나는 아직 별 볼일 없는 사람이라 초조하고 불안하지만, 마음속 깊이 진심으로 나를 받아들입니다.
• 나는 아직 세상에 내보일 실력도 없고 언제 성공할까 초조하고 답답하지만, 마음속 깊이 진심으로 나를 받아들입니다.
• 언제 목표에 도달할까 마음이 급하지만, 마음속 깊이 진심으로 나를 받아들입니다.

마음 풀기

• 아직 별 볼일 없다. 아직 내보일 실력도 없다. 아직 목표가 멀다. 다들 성공하는데, 인정받는데, 나는 언제 되나. 정말 될 수 있을까? 답답하다. 초조하다. 불안하다. 그런데 큰 그릇은 만드는 데는 시간이 걸리고, 천천히 자라는 나무라야 뿌리가 깊다. 그러니 아직 인정받고 성공하진 못했어도 나의 뿌리는 안 보이는 깊숙한 곳에서 자라고 있다. 나의 그릇은 눈에 보이진 않아도 무럭무럭 커지고 있다.

확언하기

• 더디 자란 나무가 뿌리 깊다. 뿌리 깊은 나무는 바람에 아니 흔들려, 꽃이 아름답고 열매가 많다. 나는 뿌리 깊은 나무다.
• 나는 성과가 안 보여도 꾸준히 뿌리를 키운다.
• 빨리 성공하면 좋고, 더디 성공하면 뿌리가 깊어서 좋다. 어쨌든 좋다.

짐승 같아도 괜찮아

카투사가 되기 위해 논산훈련소에서 총 8주간 훈련을 받았다. 나름 자신감과 자존심으로 가득했던 나에게 군사훈련은 처음엔 엄청난 모욕으로만 느껴졌다. 매일 논산의 흙바닥을 지렁이처럼 기어다니고, 항상 배가 고파서 먹을 생각만 하고, 계속 졸려서 잠시 앉을 틈만 생기면 졸았다. 더구나 몇 주간 속칭 군바리들만 보다 보니 어쩌다 잠시 스치는 여자만 있어도, 그 나이와 미추를 불문하고 홀렸다. 나중에는 민간인 아저씨들마저 전부 멋있게 보였다.

한마디로 그때의 나는 형이상학적 인간의 모습이라고는 절대 찾아볼 수 없는 형이하학적 짐승 그 자체였다. 그저 춥고 배고프고 꼴리고 졸리고 오줌 마려운 짐승이었다. 그 이상의 형이상학적 욕구는 전혀 찾아볼 수 없었다. 하기야 훈련소라는 공간 자체가 가장 기본적 형이하학적 욕구마저 충족시키기 힘든 곳이니 당연한 일이지만.

처음 한동안은 이런 나의 짐승 같은 모습에 스스로 적잖이 충격과 실망을 느꼈다.

'아아, 이토록 똑똑하고 고상하던 내가 겨우 이 정도라니. 나는 그저 먹고 쌀 줄밖에 모르는 짐승이구나!'

그런데 한동안 실망하다가 문득 이런 생각이 들었다.

'내가 짐승이면 안 될 이유는 뭐지? 왜 내가 꼭 짐승 이상이어야 해?'

이렇게 '나의 짐승됨'을 있는 그대로 인정하고 나자 그저 편안해졌다. 더 이상 내가 나 아닌 그 무엇이 될 필요도 의무도 사라졌으니까!

그래서 이후로는 그저 떳떳하고 당당하게 짐승짓을 했다. 맘껏 먹고 싸고 자고 어쩌다 여자가 보이면 맘껏 침 흘리고….

내가 나 아닌 그 무엇이 되어야 할 필요나 의무는 없다. 그러니 짐승이면 짐승으로 살아가고 여우면 여우로 살아가라. 부자면 부자로 살아가고 가난뱅이면 가난뱅이로 살아가라. 똑똑하면 똑똑이로 살아가고 멍청하면 멍청이로 살아가라. 그저 나대로 맘껏 내키는 대로 살아가라. 그저 내키면 내키는 대로 그것이 되어라.

밉고 화가 나서 죽겠어요

분노는 내 안의 야수다.
길들이지 않으면 나를 잡아먹을지도 모른다.

분노는 내 안에서 나서 나를 죽인다

많은 사람들이 분노한다. 특히 한국 사람들은 분노의 감정이 많은 편이라 더욱 그렇다.

사람들이 분노할 이유는 많다. 돈을 떼였다, 왕따를 당했다, 사기를 당했다, 배신을 당했다 등등. 분노할 만한 정당한 이유가 있을수록 그 분노를 내려놓기가 힘들다. 그런데 분노할 만한 이유가 있다고 정말로 계속 분노해야 할까?

먼저 분노는 불이다. 내 속에서 일어나 먼저 나를 태운 다음에 상대를 태운다. 나는 상대가 불에 타기를 바라지만, 이 불에 가장 먼저 타고 있는 것은 나 자신이다. 언제까지 나의 분노로 나를 태워 없앨 것인가?

또 분노는 칼이다. 나는 이 칼에 상대가 찔리기를 바라지만, 이 칼은 내 속에서 자라 먼저 나를 찌른 다음에 상대를 찌른다. 나는 이 칼에 찔려 피 흘리는 상대를 상상하지만, 그사이에 내가 먼저 피 흘리고 있다는 사실은 모른다.

또 분노는 독이다. 분노란 상대의 죽음을 바라면서 실상은 내가 그 독을 마시는 것이다. 분노할 때마다 나는 이 독을 마신다. 실제로 한 사람이 한 시간 동안 분노하면 80명 이상을 죽일 스트레스 호르몬이 분비된다. 한국 사람들이 많이 겪는 화병도 바로 이것 때문에 생긴다.

또 분노란 오르막이다. 분노하며 살면 살아갈수록 지친다. 실제로 분노에 의해 분비되는 스트레스 호르몬은 만성피로를 유발한다.

또 분노는 녹이다. 내 속에서 나오지만 나를 삭인다.

행복은 물이고, 분노는 불이고, 마음은 컵이다. 물과 불이 한 컵 안에 같이 있을 수 없듯, 행복과 분노가 한 마음 안에 같이 있을 수는 없다. 지금 당신은 분노하기를 원하는가, 행복하기를 원하는가. 행복과 분노가 같이 갈 수 없음을 반드시 명심하라.

그럼 어떻게 분노를 풀어놓아야 할까? 분노를 푸는 방법은 사람마다 다르다. 이제 경우에 따라 분노를 푸는 법을 알아보자.

첫째, 분노는 증기다.

자꾸 억누르면 압력솥 터지듯 폭발한다. 화내는 것을 싫어하고 힘들어하는 사람들이 많다. 그래서 싫은 데도 말 못하고 꾹 참고 심지어는 미소까지 보이다가 나중에 폭발해서 걷잡을 수 없는 말이나 행동을 하게 된다. 그런 일 생기지 않게 하려면 평소에 쌓인 분노를 잘 풀어주는 것이 중요하다.

즉석
EFT

분노가 생기는데도 자꾸 억압하는 사람들은 다음과 같이 EFT를 해보자. 소리를 내어 따라 읽는 편이 좋지만, 상황이 불편하다면 속으로라도 음미하며 읽으라. 반드시 손날 타점을 톡톡톡 두드리면서 읽어야 원하는 결과를 얻을 수 있다.

문제를 인정하고 받아들이기

• 나는 싫은 내색을 못해서 꾹 참다가 엉뚱한 데서 폭발하지만, 마음속 깊이 진심으로 나를 받아들입니다.
• 나는 종로에서 뺨 맞고 한강에서 눈 흘기지만, 한강이 무슨 죄가 있나. 어쨌든 마음속 깊이 진심으로 나를 받아들입니다.
• 나는 화내는 것이 힘들고 어렵고 무섭지만, 마음속 깊이 진심으로 나를 받아들입니다.

마음 풀기

• 화내는 것이 어렵다. 싫은 내색을 못한다. 그래서 가만히 있으니 사람들이 나를 가마니로 본다. 꾹 참다가 나중에는 만만한 가족들에게 화낸다. 화내고 나서 미안하다. 가족들이 무슨 죄가 있나. 겉으로는 화를 안 냈지만 속으로는 짜증과 원망이 가득하다. 겉으로 화 안 내면 뭐 하나. 속에는 분노가 가득한데.

확언하기

• 나는 싫으면 싫다고 말할 줄 안다.
• 나는 상대방의 무례에 따끔하게 항의할 줄 안다.
• 나는 필요하면 적절히 항의할 줄 안다.

둘째, 분노는 대소변이다.

거시기 마렵다고 아무 데서나 눌 수 없듯, 화난다고 아무 데서나 화내서는 안 된다. 겉으로 화 잘 내는 사람들은 특히 명심하라. 남이 보는 데서 남의 얼굴에 소변 볼 수 없듯 화도 아무 데서나 내면 안 된다. 남에게는 내 화가 내 소변만큼이나 끔찍하다.

여기까지 본 독자들은 이렇게 물을지도 모른다.

"도대체 화를 내란 말이야, 말란 말이야?"

다시 정리해보자. 분노는 대소변이다. 아무 데서나 볼 수는 없지만 끝까지 참을 수도 없다. 그러니 적절한 곳에서 적절한 방법으로 풀어라. 억누르지도 말고 함부로 싸지르지도 말라. 대소변은 화장실에서 해결해야 하듯, 분노도 상황에 따라 적절하게 풀어내라.

마지막으로 분노와 관련하여 말하고 싶은 것이 있다. 내가 누군가에게 정말 부당한 일을 당했을 때, 우리는 복수심을 품게 된다. 어렸을 때 엄마에게 심각한 학대를 당했던 한 여성은 이런 말을 한 적도 있다.

"엄마도 죽이고 나도 죽고 싶어요."

과연 복수심과 복수란 어떤 것인가. 복수는 정말 내가 원하던 결과를 가져다주는가.

1995년 4월 19일에 티모시 맥베이 등 두 명은 미국 오클라호마에 있는 연방정부 청사를 폭탄 차량으로 폭발시켜 무려 168명의 사망자와 500여 명의 부상자를 내었다. 이 사건으로 가족을 잃은 많은 사람들이 맥베이의 죽음을 간절하게 원했고, 그 결과 몇 명은 맥베이의 사형집행 현장을 실제로 지켜보았다.

그런데 그들이 그렇게 원했던 맥베이의 사형을 직접 지켜보았을 때,

그들은 과연 행복했을까? 그중 한 사람이 말했다.

"그렇게 원했던 일인데, 마음이 더 좋아지지는 않는군요."

때와 장소를 가리지 못하고 화를 내는 사람들은 다음과 같이 확언과 EFT를 해보자. 방법은 이전과 동일하다.

문제를 인정하고 받아들이기

- 나는 화가 나면 앞뒤 안 가리고 폭발하지만, 소변 마렵다고 앞뒤 안 가리고 다 싸나. 대소변은 잘 가리면서 왜 화내는 것은 못 가리나. 어쨌든 마음속 깊이 진심으로 나를 받아들입니다.
- 나는 화나면 뵈는 게 없지만, 뭐 마렵다고 뵈는 거 없이 사거리 한복판에서 궁둥이 까고 싸나. 왜 뭐 마려울 땐 보이고 화나면 안 보이나. 내 눈은 마려울 때와 화날 때에 시력이 다르게 작용하나. 어쨌든 마음속 깊이 진심으로 나를 받아들입니다.

마음 풀기

- 나는 시도 때도 없이 화낸다. 때와 장소도 안 가린다. 그런데 뭐 마려울 때는 아무리 급해도 정말 잘 가린다. 그런데 내 대소변만큼이나 내 화도 남들에게는 더럽고 싫은 것이다. 세상에 누가 남의 화를 좋다고 받아들이나. 남의 대소변 이상으로 싫고 더러운 게 남이 내뱉는 분노다. 그렇다면 언제까지 남들 얼굴에 내 분노를 싸질러대면서 살아갈 것인가.

확언하기

- 나는 대소변 가리듯 아무리 급해도 때와 장소를 가려서 분노한다.
- 나는 되도록 분노를 가라앉히고 정 급하면 혼자 있을 때 EFT로 푼다.
- 나는 필요할 때 필요한 만큼만 분노한다.

이렇듯 복수는 하지 못하면 억울하고, 해도 허무하다. 그것이 복수의 궁극이다. 그러니 복수와 원한에 사무친다면 다음과 같이 EFT를 해보자. 필요하다면 여러 번 반복하라.

문제를 인정하고 받아들이기

• 개똥이 엄마가 10년 전에 내 돈 천만 원 떼먹었다. 아들 등록금 하려고 모아둔 건데, 떼여서 아들 대학도 못 보냈다. 나는 죽어도 그년을 잊을 수가 없다. 그래서 10년 동안 이를 갈며 살아왔다. 그런데 개똥이 엄마가 내 돈 갖고 어디로 날았는지 알 수도 없다. 지금 살았는지 죽었는지도 모른다. 그년은 지금 내 앞에 없지만, 내 마음속에는 항상 그때 그 모습으로 있다. 내 돈 천만 원 떼먹는 모습이 지금도 눈에 선하다.

• 그런데 다시 생각해보자. 개똥이 엄마는 내 돈 천만 원을 한 번 떼먹었지만, 나는 10년 동안 그 일을 매일 생각했다. 그러다 보니 날마다 새로 천만 원 떼이는 기분이다. 개똥이 엄마는 딱 한 번 떼먹었지만 나는 내 돈 10년 동안 매일 떼먹었다. 열흘이면 1억이고, 100일이면 10억이다. 참 내가 내 돈 많이도 떼먹었다.

• 나는 이렇게 힘든 게 모두 개똥이 엄마 때문이라고 말하지만, 다시 생각해보자. 개똥이 엄마가 내 돈은 떼먹었지만 매일 떼인 것 생각하면서 10년 동안 괴로워하라고 했던가. 개똥이 엄마는 그때 딱 한 번 천만 원 떼먹었지만, 나는 10년 동안 매일 생각하다 보니 수천억은 떼인 것 같다. 그러면 내 돈 제일 많이 떼먹은 사람은 누구인가. 개똥이 엄마인가, 나인가. 그렇다면 도대체 앞으로 얼마나 더 천만 원씩 매일 떼여야 하나. 그러니 이제 내 돈 그만 떼먹자. 개똥이 엄마보다 내가 내 돈 더 떼먹었다. 이제 내 돈 그만 떼먹자. 어쨌든 무조건 마음속 깊이 진심으로 나를 이해하고 받아들입니다.

마음 풀기

• 끝난 일은 끝났다. 끝난 일은 안 느껴도 된다. 그때는 개똥이 엄마가 내 돈 떼먹었지만, 이제는 내가 내 돈 떼먹는다. 이제 내 돈 그만 떼먹자. 개똥이 엄마는 그때 천만 원 떼갔지만, 나는 수천억 원을 떼갔다. 이제 내 돈 그만 떼가자. 끝난 일은 끝나야 한다. 끝난 일은 더 느끼지 않아도 된다. 그러니 떼인 돈도 떼먹은 사람도 어쨌든 무조건 마음에서 모두 비운다. 지운다. 내려놓는다. 흘려보낸다. 이제 빈 마음에 참으로 오랜만에 평화의 햇살이 비친다.

무지와 독단

나름대로 열심히 했는데
왜 이래요?

～～～

알던 것에서만 답을 찾고 하던 대로만 하면서
어떻게 새로운 결과를 얻기를 바라는가.

내 눈에 보이는 게 다가 아냐! 내가 아는 게 다가 아냐!

어느 날 갑돌이가 길을 가는데 한 노인이 가로등 밑에서 열심히 무언가를 찾고 있었다. 이에 갑돌이가 물었다.

"어르신, 무엇을 찾으시나요?"

"금반지를 떨어뜨려서 찾고 있네."

갑돌이는 노인의 모습이 안쓰러워 한동안 등불 밑을 열심히 함께 찾았다. 하지만 아무래도 찾을 수 없어 다시 노인에게 물었다.

"그런데 떨어뜨린 곳은 어디인가요?"

그러자 노인은 등불이 비치지 않는 저 너머를 가리키면서 말했다.

"저쪽 멀리서 떨어뜨렸어."

갑돌이가 기가 차서 물었다.

"그런데 왜 그것을 여기서 찾으세요?"

"거기는 어두워서 안 보이잖아."

이 노인의 얘기가 그저 남의 일로만 보이는가. 예수는 남의 눈의 티끌을 보지 말고 내 눈의 들보를 보라고 했다.

여기서 누구나 저지르는 이 노인의 실수, 곧 내 눈의 들보를 한번 열거해보자.

— 하던 대로 하면서 새로운 결과를 바란다.
— 새로이 공부하지 않고 알던 것에서만 답을 찾는다.
— 내가 아는 게 다라고 생각하고 도통 남의 말을 듣지 않는다.
— 눈에 보이는 것만 믿고 안 보이는 것은 받아들이려 하지 않는다.
— 얼마나 살았다고 내가 경험한 것만 믿는다.
— 얼마나 해봤다고 몇 번 해보고서는 안 된다고 좌절한다.
— 세상 넓은 줄 모르고 내가 잘났다고 생각한다.
— 과거의 나만 보면서 '이게 나야'라고 생각하며 새로운 시도를 하지 않는다.

이렇게 생각하는 사람을 '우물 안 개구리'라고 한다. 하늘이 아무리 크고 넓어도 개구리가 보는 하늘은 딱 저만큼이고 개구리는 그게 하늘의 전부라고 믿는다. 당신은 얼마나 큰 하늘을 보고 있는가.

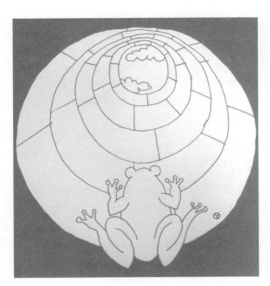

우물 안 개구리

이렇게 모든 인간은 경험의 한계, 방법의 한계, 기존 지식의 한계, 감각의 한계를 진리라고 믿는 경향이 있다. 그래서 이 한계 안에서 쉽게 좌절하고 자만하다 결국 이 안에 갇혀 인생을 끝낸다.

그런데 내가 진실이나 진리라고 규정한 한계 저 너머에 미지의 또 다른 뭔가가 있다는 사실을 아는가. 종종 인생의 답은 이 안이 아닌 저 너머에 있을 때가 있다. 그러니 이 안에서 안 보이면 저 너머로 한번 가 보라.

지렛대의 원리를 발견한 것으로 유명한 그리스의 철학자 아르키메데스는 충분히 큰 지렛대만 있으면 지구도 들 수 있다고 했다. 그러니 내 삶의 무엇이든 들어올릴 지렛대를 찾아라.

즉석 EFT

그럼 이제 삶의 답, 진리, 자유, 행복, 성공 등등 내가 원하는 뭔가를 저 너머에서 찾기 위해서 EFT를 해보자. 소리를 내어 따라 읽는 편이 좋지만, 상황이 불편하다면 속으로라도 음미하며 읽으라. 반드시 손날 타점을 톡톡톡 두드리면서 읽어야 원하는 결과를 얻을 수 있다.

문제를 인정하고 받아들이기

- 나는 하던 대로만 하면서 안 된다고 좌절하지만, 내 힘으로 못 드는 것도 지렛대 쓰면 든다. 이렇게 좋은 방법은 안 되는 것도 되게 만든다. 그렇다면 안 돼서 안 되는 것인가, 내 방법이 안 되는 것인가. 어쨌든 마음속 깊이 진심으로 나를 이해하고 받아들입니다.

- 나는 내가 보고 듣고 아는 게 다라고 생각하면서 속단하지만 내가 살면 얼마나 살았고, 보면 얼마나 보았고, 들었으면 얼마나 들었나. 어쨌든 마음속 깊이 진심으로 나를 이해하고 받아들입니다.

- 나는 과거의 나만 생각하면서 살던 대로 살려고 하지만, 강물도 흐르고 구름도 흐르고 계절도 매번 바뀌는데 나는 왜 바뀌지도 흐르지도 않나. 어쨌든 마음속 깊이 진심으로 나를 이해하고 믿고 받아들입니다.

마음 풀기

- 원래 안 되는 것인가, 이 방법이 안 되는 것인가. 안 되는 방법으로 뭔가 자꾸 하려고 할 때 우리는 '삽질한다'고 한다. 나는 지금 포클레인을 두고 삽질하는 것이 아닌가. 나는 쎄빠지게 해도 안 된다고 좌절하지만 혹 실컷 삽질만 하면서 쎄만 빠진 것은 아닌가. 억울하더라도 쎄가 빠지는 것과 되는 것은 다르다. 그럼 혹 이제라도 목표를 이룰 지렛대를 찾을 수 있지 않을까?

- 내가 살면 얼마나 살았다고 온 세상을 된다, 안 된다 판단하고 있나. 세상이 큰가, 내가 큰가. 나는 세상 속에 있으면서 내 안의 세상이 다인 줄 알고 된다, 안 된다 판단하고 있다. 우물 안 개구리가 우물에 보이는 하늘로 온 하늘을 판단하듯, 나는 내 마음이라는 우물로 온 세상을 판단하고 있다.

- 강물도 흐르고 구름도 흐르고 계절도 바뀐다. 이 세상 만물은 모두 바뀌는데 나는 왜 안 바뀌나. 왜 과거의 나를 고집하면서 바뀌지 않나. 그런데 흐르지 않는 물은 썩듯, 바뀌지 않는 나도 썩는다. 만물은 모두 흐르고 바뀌는데 나도 이제 흐르고 바뀌어야 하지 않을까?

확언하기

- 세상은 넓고 지렛대는 많다. 나는 삽질하지 않고 지렛대를 찾는다.
- 에디슨은 만 번 시도해서 전구를 발명했다. 나도 끝까지 될 때까지 지렛대를 찾는다.
- 나는 섣불리 판단하기보다 먼저 견문을 넓히고 공부한다.

2

"

도대체
어떻게 살아요?

"

삶이라는 여행에도 내비게이션이 필요해, 믿음을 가져

믿음이 없는 삶은 핸들 없는 차와 같다.
엔진이 아무리 좋아도 갈 수 있는 곳이 없다.

믿는 대로 경험하게 된다

이 세상은 전부 우리가 창조한 것이다. 왜일까? 사실상 우리에게는 우리가 경험하는 세상만이 진실이다. 그리고 그 세상을 창조하는 것은 바로 우리다.

얼핏 단 하나의 세상이 있는 것 같지만 실제로는 사람 수만큼의, 즉 60억 인구라면 60억 개의 세상이 있다. 또는 100억, 200억, 300억일지도 모를 동물 개체의 수만큼 더 많은 세상이 존재한다.

지구는 하나지만 바퀴벌레의 세상과 개미의 세상은 다르다. 같이 살고 있지만 같이 살고 있지 않다. 경험의 주체가 다르기 때문이다. 본질로서의 세상은 하나지만, 경험되는 세계는 그 경험의 주체마다 각기 다르다.

당신이 경험하는 성공, 실패, 좌절, 질병 등은 결국 '당신의 세계'의 모습이다. 그러면 하나의 세상 안에서 우리는 왜 이렇게 서로 다른 경

험의 세계를 갖게 되었을까? 그리고 당신은 '당신의 세계'가 싫음에도
왜 그 세계 속에 살고 있을까?

당신은 완벽한 창조의 주체다. 지금 당신의 모든 현실은 당신이 창조
한 것이다. 그런데 대체 왜 이 모양일까?

당신은 두려움을 창조했고 두려움을 믿었다. 두려움을 믿었으므로
두려움을 경험한다. 이렇게 믿는 대로 경험한다.

돈의 부족에 대한 두려움을 믿었으므로 돈의 부족을 경험한다. 이렇
게 믿는 대로 경험한다.

나 자신의 못남을 믿었으므로 자신의 못남을 경험한다. 내가 못났다
고 믿었으므로 내가 못났음을 경험한다. 이렇게 믿는 대로 경험한다.

무엇이건 당신이 그것을 선택하여 믿었으므로 그것을 경험하는 것이
다. 우리는 이렇게 믿는 대로 경험한다.

당신이 무엇을 하든, 어디에 있든, 무엇을 원하든, 당신은 믿는 대로
경험한다.

나는 아무것도 모른다. 오직 다음 한 가지 사실만 안다.

"우리는 믿는 대로 경험한다."

자, 지금 경험하고 있는 것들이 지겨운가. 그러면 새로운 것을 믿어
라. 믿는 대로 경험한다. 당신은 믿는 대로 경험하고, 이 경험은 다시 당
신의 믿음을 강화시킨다. 이렇게 다시 믿는 대로 경험한다.

이것이 우리가 경험하는 '경험 세계'의 창조 법칙이다. 내 믿음이 바
뀌면 새로운 것을 경험한다. 그리고 새로운 경험은 새로운 믿음을 낳는
다. 그래서 경험과 믿음은 순환된다.

예를 들어 내가 A를 믿어서 A를 경험하게 되면, 그 A라는 경험은 A라는 믿음을 강화시킨다. 그리하여 A라는 믿음이 A라는 경험을 낳고, A라는 경험이 다시 A라는 믿음을 강화시키고, A라는 믿음이 또다시 A라는 경험을 강화시킨다. 결국 우리는 A라는 믿음과 경험을 벗어날 수 없다.

그래서 가난한 사람은 '나는 가난하게 살 수밖에 없다'는 믿음을 갖고 있고, 그래서 가난하게 살 수밖에 없고, 그래서 또다시 '나는 가난하게 살 수밖에 없다'는 믿음을 갖게 된다. 이것이 바로 악순환이다.

잘되는 사람도 믿음의 형식은 같다. 하지만 잘되는 사람은 '나는 할 수 있다'는 믿음을 가지고 '나는 할 수 있다'는 경험을 하게 된다. 그 경험을 가지고 '나는 할 수 있다'는 믿음이 다시 강화된다. 이것이 바로 선순환이다.

악순환과 선순환은 믿음 자체가 달라서 생기는 것이 아니다. 믿음의 내용이 다를 뿐이다. 그 형식은 모두 같다. 모두 마음이 '믿는 바'가 보여주는 결과다. 내가 경험하는 세상은 내가 믿는 것이 무엇인지를 확실하게 보여준다. 그러니 어쨌든 나는 믿는 대로 경험한다.

또 신념(믿음)은 세상을 파악하는 필터이기도 하고 세상을 만드는 설계도이기도 하다. 따라서 된다는 신념은 되는 법을 찾아주고 되는 것을 만든다. 반대로 안 된다는 신념은 안 되는 법을 찾아주고 안 되는 것을 만든다.

어떤 경우에도 인간은 사물 그 자체를 포착할 수 없다. 신념이라는 필터로 포착된 사물을 인식할 뿐이다. 대상은 하나지만 촬영 장비에 따라 사진이 달라지듯, 신념이라는 필터에 따라 사물의 모습은 달라진다. 그러니 나의 경험은 나의 신념을 반영한다.

신념은 단순히 필터의 역할만 하는 것이 아니다. 미래는 확정되어 있지 않으므로, 나의 신념은 미래를 만드는 설계도로서 작용한다. 지금 나의 신념이 시간이 지나면 나의 현실이 된다. 그러니 내 인생과 세상을 바꾸려면 먼저 나의 신념을 바꿔라.

그런데 믿음이란 단순히 말이나 생각이 아니다. 믿음이란 생각과 감정의 결합체다. 예를 들어 '된다'는 말(생각)에 '된다'는 느낌이 결합될 때라야 '된다'는 진정한 믿음이 형성되는 것이다. 다시 말해서 믿음의 힘은 말 자체보다는 그 말을 떠받치는 감정에 있다.

감정은 다음과 같은 역할을 한다.

1. 감정이 믿음이나 판단을 만든다.

많은 사람들이 이렇게 말한다.

"머리로는 맞다고 생각되는데, 마음으로 받아들여지지 않아요."

감정의 중요성을 잘 표현해주는 말이다. 슬픈 사람에게는 슬픈 일만 보이고, 배고픈 사람에게는 먹을 것만 보이고, 자신감 있는 사람에게는 어디서든 가능성이 보이고, 좌절한 사람은 되는 사람을 보고서도 '나는 안 될 거야'라고 주저앉기 마련이다.

흔히 경험할 수 있는 예들을 살펴보자.

— 가재는 게가 뭔 짓을 해도 잘했다고 한다. 원래 게 편이니까.
— 미운 놈은 아무리 잘해도 '저게 왜 저러나' 하고 의심받는다.
— 예쁜 놈은 큰 실수를 해도 '다음에 잘하겠지' 하며 넘어가 준다.

또 다른 예를 들어보자. 컵에 물이 반쯤 들어 있다. 이때 한 사람은

"물이 반밖에 없네"라고 한다. 반면에 다른 사람은 "물이 반이나 있네"라고 한다.

동일한 대상에 대한 판단이 왜 이렇게 다른 것일까? 이것도 역시 감정이 판단을 좌우하는 예다. 한 사람은 상실감이나 좌절감이 많은 사람일 테고, 다른 사람은 자신감이 가득한 사람일 것이다.

사람들이 된다느니 안 된다느니 옥신각신하는 것 자체가 어쨌든 거기에 어느 정도의 가능성이 있다는 뜻이다. 100퍼센트 안 될 일을 하자고 할 사람은 없다. 100퍼센트 될 일을 의심할 사람도 없다.

예를 들어 사과가 나무에서 떨어진다는 사실을 의심하거나, 죽은 사람을 살리겠다고 나설 사람은 없을 것이다. 그러나 되니 안 되니 하고 의견이 엇갈린다면 그것은 크든 작든 가능성이 있다는 뜻이다. 자신감 있는 사람은 되는 측면만 보면서 된다 할 것이고, 자신감 없는 사람은 안 되는 측면만 보면서 안 된다 할 것이다.

그래서 된다고 하는 사람은 결국 되게 만들 것이고, 안 된다고 하는 사람은 결국 안 되게 만들 것이다. 따라서 되는 것도 맞고, 안 되는 것도 맞다. 결국 나는 내가 느끼는 대로 판단할 것이고, 결국 그렇게 만들 테니까. 바로 이것이 감정과 판단의 관계다.

이렇듯 인간은 이성의 동물이 아니라 감정의 동물이다. 논리적으로 된다고 생각하기 때문에 된다고 판단하는 것이 아니라, 된다고 느낄 때 된다고 판단한다.

2. 감정이 행동을 유발한다.

일이 되게끔 하는 사람은 논리적으로 된다고 '생각하기' 때문에 그렇게 행동하는 것이 아니다. 된다고 '느끼기' 때문에 그렇게 행동한다. 따라서 신념(또는 판단)의 힘은 논리가 아니라 그 신념을 떠받치는 감정에 있다.

감정의 힘을 가장 적나라하게 표현하는 우리의 말이 "꼴린다"이다. 나의 신념이 나를 '꼴리게' 할 때, 우리는 미친 듯이 달려들고 해낸다. 이렇게 감정은 인간이라는 기계의 유일한 초강력 엔진이다.

이제 정리해보자. 앞서 본 대로 감정은 나의 모든 판단과 신념과 행동을 유발하는 원천이다. 그렇다면 나의 판단과 행동을 변화시키는 유일하고 확실한 방법은 바로 나의 감정을 변화시키는 것이다. 따라서 나의 감정을 조절하는 자가 나를 조절하고 내 인생을 조절한다.

한마디로 감정 컨트롤이 인생 컨트롤이다. 그리고 감정 컨트롤의 가장 확실한 수단은 EFT다.

운을 믿을까, 나를 믿을까

상담과 강의를 하다 보면 많은 사람들이 운 타령을 한다. 사주나 관상이나 팔자를 들먹이면서 실패와 성공의 원인을 운 탓으로 많이 돌린다. 과연 운이 좋아야 성공하고 운이 나빠서 실패하는 것일까? 과연 운이란 무엇일까?

1. 운은 바람이다.

바람 중에는 순풍도 있고 역풍도 있다. 언제나 나에게 유리한 순풍만 부는 경우는 없다. 마찬가지로 언제나 나에게 불리한 역풍만 부는 경우도 없다. 순풍에 자만하지 말고 역풍에 좌절하지 말라. 언제가 될지는 모르지만, 역풍이 순풍으로 바뀔 때가 있다.

그러니 명심하라.

"내일은 새로운 바람이 불 거야."

2. 운은 도박판의 패다.

다음 패가 높을지 낮을지 아무도 모른다. 높은 패를 받았다고 반드시 이기는 것도 아니고, 낮은 패를 받았다고 반드시 지는 것도 아니다. 구석까지 몰리다가도 '쪼커' 하나로 역전되기도 하는 것이 도박판이다. 그러니 낮은 패에 잘 생존하고, 높은 패에 현명하게 이겨라. 아무리 궁지에 몰려도 좌절하지 말라.

그러니 명심하라.

"다음 패에는 쪼커가 있을지도 모른다."

3. 운은 변덕쟁이다.

많은 사람들이 잘될 때 자만하고, 안 될 때 기죽는다. 하지만 운은 누구 편도 들지 않는 변덕쟁이다. 운이 좋으면 잠시 성공할 수 있지만, 운만으로 영원히 성공할 수는 없다. 단기적으로는 성공이 운에 좌우되겠지만, 결국 장기적으로는 성공이 실력과 노력에 좌우될 수밖에 없다.

그러니 명심하라.

"운을 믿지 말고 실력을 믿어라."

4. 운은 수레바퀴다.

운은 돌고 돈다. 개인의 운은 5~10년 단위로 돌고, 집단(특정 직업군이나 지역사회 등)의 운은 10~20년 단위로 돌고, 국가의 운은 수십 년~100년 단위로 돈다. 큰 단위의 운이 작은 단위의 운을 좌우하지만, 그 속에서도 개인의 운은 또 돌고 돈다. 그러니 돌고 도는 운에 집착하지 말고 항상 다음 운을 대비하라. 잘될 때는 안 될 때를 준비하고, 안 될 때는 잘될 때를 준비하라.

그러니 명심하라.

"이것 또한 돌고 돌리라."

5. 운은 겁쟁이다.

많은 사람들이 운을 알고 싶어 하고 또 두려워한다. 하지만 사실 운은 겁쟁이다. 자기보다 약하면 윽박지르고 자기보다 강하면 주눅 드는 것이 운이다. 사람들이 운에 좌우되는 것은 운에 기가 죽기 때문이다.

역사를 살펴보면, 사실상 인류의 역사는 운이 아니라 강한 신념을 가진 개인과 집단에 의해서 변화되어왔다. 강한 신념이 결국에는 개인과 집단을 움직여서 세상과 역사를 바꾼다. 한마디로 이 세상에는 운보다 약한 사람과 운보다 센 사람이 있을 뿐이며, 운보다 센 사람은 운보다 약한 사람까지 이끌어가게 된다.

그러니 명심하라.

"운은 결국 센 놈 편이다."

믿음에 관한 촌철활인

— 느낌과 생각이 일치될 때 무적이 되리라.

— 살다 보면 답도 모르고, 길도 안 보일 때가 있다. 그럴 때 필요한 것이 믿음과 기다림이다. 믿음이 등불이 되고, 기다림이 길이 되어 답을 찾아줄 것이다. 그러니 된다고 믿고 꿋꿋이 가라.

— 마음은 근육과 같아서 쓰면 쓸수록 발전하고, 안 쓸수록 퇴보한다. 자주 두려워하면 두려움의 근육이 커진다. 그러니 매일 용기와 자신감의 근육을 단련하라. 쓰면 쓸수록 좋아진다.

— 너의 운을 믿는다면 로또를 사라. 너의 실력을 믿는다면 열심히 노력하라. 운도 실력도 다 믿는다면 무엇이든 해라. 어차피 다 될 테니.

— 우선은 나를 믿어야 한다. 그래야 힘이 생긴다. 그다음 인생을 믿어야 한다. 그래야 운이 좋아진다. 자기도 믿고 인생도 믿는 사람은 실력도 좋고 운도 좋다.

— 조건이 좋아야 성공한다고 생각하면 오산이다. 그럼 재벌 2세가 왜 망하겠나. 좋은 조건보다는 좋은 정신이 성공의 가장 큰 자산이다. 역사는 굳건한 조건이 더 힘센 정신에 밀려 변화된 과정의 기록임을 명심하라.

— 끈질긴 믿음이 태산을 옮긴다. 그러니 믿음을 지켜라.

— 자꾸 생각하면 말이 된다. 자꾸 말하면 행동이 된다. 자꾸 행동하면 습관이 된다. 습관이 모여 성격이 된다. 성격이 모여 운명이 된다. 그러니 생각을 조심하라.

— 생각나는 대로 살지 말고 살고 싶은 대로 생각하라. 생각나는 대로 살다가는 사는 대로 생각하게 된다.

— 나는 지금까지 못난 사람을 한 번도 본 적이 없다. 다만 못난 생각을 하는 사람은 많이 보았다.

— 컵에는 커피도 담고 콜라도 담는다. 마찬가지로 마음에는 어떤 생각이든 다 담을 수 있다. 커피 담으면 커피잔 되듯, 못난 생각 담으면 못난 사람 된다.

— 자연이 진공을 싫어하듯 마음도 진공을 싫어한다. 그래서 원하는 것을 생각하지 않으면 자꾸 원하지 않는 것을 생각하게 된다. 그러니 원하는 것을 자꾸 생각하라.

— 마음은 생각과 행동을 구분하지 않는다. 자꾸 자신이 용감하다고 생각하다 보면 진짜 용감해진다. 자꾸 그렇게 생각하면 진짜 그렇게 행동하게 된다. 이것이 확언이다.

— 많은 사람들은 보고서야 믿는다. 그러니까 보는 대로 믿는다. 하지만 보이지 않아도 믿는 사람은 믿는 대로 본다. 보아야 믿는 사람은 세상에 지배당하고, 보이지 않는 것을 믿는 사람은 세상을 지배하게 된다. 세상이란 보이는 것들의 집합이고, 보이는 것은 보이지 않는 것의 지배를 받기 때문이다. 진정한 힘은 보이지 않는 법이다.

— 마음은 밭이고 확언은 씨앗이다. 마음 밭에 확언이라는 씨앗을 뿌리고, 때때로 EFT라는 호미로 잡초를 솎아주면서, 상상이라는 거름까지 뿌려준다면, 반드시 가을에는 풍성한 열매를 거둘 것이다.

되니까 하는 게 아니라 하니까 되는 거야, 끈기와 여유를 가져

시간은 모든 것을 만들고 모든 것을 파괴한다. 끈기 있는 자는
시간을 지배하고, 시간을 지배하는 자는 모든 것을 만들고 파괴할 수 있다.
모든 것을 갖고 싶다면 먼저 끈기를 가져라.

끈기 없는 사람은 없다

어느 날 우울증으로 찾아온 내담자에게 실천해야 할 것들 몇 가지를 실컷 설명해주었더니 대뜸 이런 말이 돌아왔다.

"말로는 쉬운데요, 저는 끈기가 없어서 잘 못해요."

"끈기가 없다고요? '못 살겠다'는 생각은 끈기 있게 하잖아요. 그래서 끈기 있게 우울하잖아요. 정말 끈기 없는 사람은 나예요. 나는 끈기가 없어서 그런 비참한 생각을 끈기 있게 못해요. 끈기 있게 우울해지는 것이 얼마나 힘든 일인데. 우울증도 끈기 없으면 약간 우울해지다 말아요."

"(당황하고 혼란스러운 표정)……."

"자, 그러니 따라 하세요. (손날 타점을 두드리면서) ─ '나는 정말 징하게 끈질기다. 벌써 10년째 끈기 있게 우울하다. 나는 너무 끈기 있게 10년

간이나 우울하지만, 어쨌든 이런 나를 이해하고 받아들입니다. 이젠 덜 끈기 있는 것을 선택합니다.'"

이렇게 EFT를 통해 부정적 신념 자체를 혼란에 빠뜨리자 내담자는 급속도로 우울증에서 벗어날 수 있었다.

끈질기게 못 살겠다는 당신, 끈질기게 안 된다는 당신, 끈질기게 우울하다는 당신, 끈질기게 용서 못한다는 당신, 이 온갖 끈질긴 당신들이여! 이제 그런 끈기로 딴거 좀 하면 안 되겠니?

성수대교는 하루아침에 무너지지 않았다

그날 사고 직전까지 성수대교는 멀쩡하게 차와 사람을 저편으로 보내고 있었다. 그러다 어느 순간 갑자기 다리 한쪽이 그 위에 있던 차들과 함께 강으로 떨어져 내렸다.

어느 댐 상류 지역에 큰비가 내려 강물이 계속 불었다. 하지만 이 댐의 한계 수위인 30미터까지는 아무런 이상 징조도 보이지 않았다. 그러다 30미터가 넘어서는 순간 갑자기 강물이 댐을 넘어 마른하늘의 날벼락처럼 아랫마을을 덮쳤다.

모든 현상은 변화한다. 그런데 변화에는 두 종류가 있다. 점진적 변화(gradual change)와 급진적 변화(drastic change)가 바로 그것이다. 위의 두 사례는 그중에서도 급진적 변화에 해당하는 것들이다.

때로는 이 두 종류의 변화가 합쳐진 현상들도 있다. 물을 가열할 때의 현상이 그렇다. 물을 가열하면 100도가 될 때까지는 그저 뽀글거리는 공기방울의 숫자만 불규칙한 모양으로 점진적으로 늘어난다. 그러다 100도가 되는 순간 갑자기 공기방울이 대류를 형성하면서 질서정연하게 배열되어 뭔가 기하학적인 새로운 질서를 만든다. 바로 그때 점진적 변화가 급진적 변화로 옮겨간다.

많은 사람들이 나에게 상담을 받으러 와서 묻는다. EFT와 확언을 얼마나 해야 좋아지겠냐고. 사실 나도 잘 모른다. 하지만 한 가지 확신하는 것은 있다. 내가 꾸준히 점진적 변화를 만들어나가면 어느 순간 급진적 변화가 일어나면서 내 삶 전체가 송두리째 뒤바뀐다는 것.

이른바 사회적 '혁명'들도 이와 다르지 않다. 많은 사람들이 혁명에 관해 떠들지만, 진정 중요한 것은 혁명을 무르익게 할 수많은 점진적 변화다. 그러니 당신의 삶을 송두리째 바꾸고 싶다면 명심하라. 날마다 내딛는 한 걸음이 쌓이다 보면 어느 순간 당신의 삶에도 혁명이 일어난다는 사실을.

즉석 EFT

이제 내 삶에 혁명을 일으키기 위해 다음과 같이 EFT를 해보자. 소리를 내어 따라 읽는 편이 좋지만, 상황이 불편하다면 속으로라도 음미하며 읽으라. 반드시 손날 타점을 톡톡톡 두드리면서 읽어야 원하는 결과를 얻을 수 있다.

문제를 인정하고 받아들이기

- 나는 언제 될까 하는 마음에 안달하고 지치지만, 마음속 깊이 진심으로 나를 받아들입니다.
- 나는 "빨리 빨리"만 외치면서 정작 노력은 안 하고 있지만, 마음속 깊이 진심으로 나를 받아들입니다.
- 나는 언제 될까 지켜보느라 정작 할 시간은 없지만, 마음속 깊이 진심으로 어쨌든 나를 이해하고 믿고 받아들입니다.

마음 풀기

- 언제 되나. 급하다. 빨리 빨리. 우물에서 숭늉 찾고 콩밭에서 두부 찾는다. 이러다 "빨리 빨리"가 사람 잡겠다. "빨리 빨리" 하다가 내가 먼저 빨리 가겠다. 지켜보는 밥은 더디 익고, 마음이 급하면 일은 더디 된다. 잊어버리고 있으면 밥은 어느새 익고, 느긋하게 마음먹고 있으면 일은 절로 풀려간다.

확언하기

- 천천히 여유 있게 느긋하게 즐겁게 하다 보면 된다. 다 된다. 더 잘된다.
- 되는 만큼 되는 대로 하다 보면 된다. 다 된다. 더 잘된다.
- 가랑비에 옷 젖고, 티끌 모아 태산 된다.

누구나 100퍼센트 성공하는 비결

개구리 두 마리가 크림통에 빠졌다. 첫째 개구리는 발 디딜 곳이 없음을 깨닫고는 운명을 받아들이고 빠져 죽었다. 두 번째 개구리는 그런 체념이 맘에 들지 않았다. 그놈은 어쨌든 이리저리 몸부림치고 떠 있기 위해 무엇이든 했다. 그런데 곧 이런 요동이 크림을 버터로 만들어서 그놈은 결국 통 밖으로 뛰어나올 수 있었다. 과연 당신의 끈기는 얼마나 되는가.

《아웃라이어》라는 책에는 '만 시간의 법칙'이 나온다. 어느 음대 교수가 의문을 가졌다. 같은 전공으로 같은 음대를 나왔는데 왜 누구는 정상급 독주 연주자가 되고, 누구는 그 독주자를 받쳐주는 오케스트라 단원이 되고, 또 누구는 애들을 가르치는 선생님 자리를 찾아 전전하는가.

연구해보니 그것은 재능의 차이가 아니라 연습 시간의 차이였다. 같은 나이였지만 연습 시간이 모두 달랐던 것이다. 평균적으로 정상급 연주자들은 만 시간을, 오케스트라 단원은 8천 시간을, 음악 선생님은 6천 시간을 연습에 할애했다. 우리의 무의식은 무엇이든 만 시간 정도는 익혀야 자유자재의 경지로 들어간다.

성취하는 사람은 그렇지 못한 사람보다 더 재능이 뛰어나거나 총명하지 않다. 단지 그들은 보통 사람보다 꿈을 좇는 데 끈기가 있을 뿐이다. 그들은 꿈을 이루기 위해 그저 무엇이든 한다. 반면에 실패하는 사람은 그저 하기 싫어 무슨 핑계든 다 댄다.

이 세상 어떤 것도 끈기를 대신할 순 없다.

재능도 끈기를 대신할 순 없다. 세상에 재능 있는 실패자들만큼 흔한 것도 없다.

천재성도 끈기를 대신할 순 없다. 소위 '실패한 천재'라는 말을 우리는 얼마나 많이 들어보았는가.

교육도 끈기를 대신할 수는 없다. 세상은 이미 명문대 출신 백수들로 가득하다. 끈기와 결단, 그것만이 사람을 전지전능하게 만든다.

이 글을 쓰면서 문득 떠오른 기억이 있다. 나는 국민학생일 때 교내 산수경시대회에서 전교 3등을 했다. 전교 1등을 한 애는 동네친구였다. 그때 경시대회 문제는 고등학생도 다 못 풀 만큼 난이도가 높았다.

지금껏 나는 천재들의 책을 수없이 읽었고, 지기 싫어서 온갖 똑똑한 놈들과 피나는 경쟁을 했고, 나보다 잘난 몇몇 놈들을 직접 만나기도 했지만, 결코 내가 그들보다 떨어진다고는 생각하지 않는다. 그런데 딱 한 명, 나보다 똑똑하다고 순순히 인정하는 놈이 있는데 그 애가 바로 국민학생 때 전교 1등을 했던 동네친구다.

나는 정말 걔가 천재라고 생각했고 지금도 이 생각은 변함이 없다. 그때의 산수 문제는 범인凡人이 맞힐 수 있는 수준이 아니었다. 그런데 걔는 거의 다 맞혔다. 당연히 나는 걔가 크면 정말 큰일 하나 할 줄 알았다.

그런데 결정적 문제가 있었다. 걔는 노력을 전혀 안 했다. 노력을 아예 안 했지만 타고난 머리로 부산대학교 공대를 갔다. 그리고 다시 대학원에 진학했는데, 아뿔싸, 졸업할 무렵 IMF가 터졌다. 그래서 직장 몇 군데를 전전하다가 지금은 한 중소기업에서 평범한 직장인으로 아무 야망 없이 살고 있다.

"성공의 필수 조건은 머리도, 유산도, 재능도, 아무것도 아니다. 단지 끈기, 그것 하나뿐이다."

즉 석
EFT

그러니 이제 끈기 있는 사람이 되기 위해 EFT를 해보자. 소리를 내어 따라 읽는 편이 좋지만, 상황이 불편하다면 속으로라도 음미하며 읽으라. 반드시 손날 타점을 톡톡톡 두드리면서 읽어야 원하는 결과를 얻을 수 있다.

문제를 인정하고 받아들이기

- 나는 성공하기 위해 무엇이든 하는 게 아니라 하기 싫어서 무엇이든 핑계 대지만, 하여튼 마음속 깊이 진심으로 나를 이해하고 믿고 받아들입니다.
- 나는 벌써 지치고 질려서 그만두고 싶지만, 어쨌든 마음속 깊이 진심으로 나를 받아들입니다.
- 나는 자꾸 그만두는 내가 밉고 싫지만, 어쨌든 나를 믿고 받아들입니다.

마음 풀기

- 또 온갖 핑계를 댄다. "싫다, 귀찮다, 힘들다, 못한다…." 이런 내가 싫다. 밉다. 하지만 어쨌든 할 수 있는 만큼 조금 더 해보자. 늦더라도 꾸준히 가면 언젠가는 도착한다. 그러니 할 수 있는 만큼, 할 수 있는 대로, 되는 만큼, 되는 대로, 여유 있게, 편안하게, 느긋하게, 가다 보면 된다. 어쨌든 다 된다. 더 잘된다.

확언하기

- 노느니 장독 깨자. 이왕 깰 거 하나 더 깨자. 이왕 깬 거 또 깨자. 아예 버릇 삼아 자꾸 깨자.^^
- 할 수 있는 만큼, 할 수 있는 대로, 되는 만큼, 되는 대로, 여유 있게, 편안하게, 느긋하게, 가다 보면 된다. 어쨌든 다 된다. 더 잘된다.
- 승자는 그만두지 않고, 그만두는 사람은 승리하지 못한다.

끈기와 여유에 관한 촌철활인

— 살다 보면 때때로 답이 없는 문제에 맞닥뜨리게 된다. 그때는 무조건 개기는 게 답이다. 개기다 보면 문제 자체가 시간이 지나면서 사라지거나 답이 나타나기 때문이다. 그래서 인생에는 끈기가 중요하다.

— 전문가가 되는 데 만 시간이 든다고 하니 하루 네 시간씩 잡으면 7년이 걸린다. 즉 매 7년마다 우리는 새 영역에서 전문가가 될 수 있다. 35세에만 정신 차려도 70세가 될 즈음엔 무려 다섯 개 영역에서 전문가가 된다.

— 십 리 길을 가는 법과 천 리 길을 가는 법은 다르다. 뭔가 큰일을 하고 싶다면 천 리 길을 가듯 하라.

— "부빠만 쯔빠잔(不怕慢 只怕站)." 늦음보다 멈춤을 두려워하라. "Steady and slow wins the game." 늦어도 꾸준하면 이긴다. 위 속담에서 보듯 중국과 미국은 이렇게 끈기를 중시한다. 반면에 한국 속담을 보자. "쇠뿔도 단김에 빼라." 성급한 국민성이 한눈에 보인다.

— 시작이 좋은 것보다 끝이 좋은 게 낫다. 그러니 좋은 조건으로 앞서 나간 이를 부러워하기보다는 꾸준히 해서 끝을 잘 맺어라.

— 시간은 모든 것을 파괴하고 또 만든다. 그러니 지금 무無여도 상관없다. 믿음과 끈기만 있으면 무無에서 유有를 만들 수 있고 유有를 무無로 되돌릴 수도 있다. 그러니 필요한 유有는 만들고 불필요한 유有는 지워 버려라. 시간을 지배하면 모든 것을 지배할 수 있다.

삶은 여행이야, 한곳에만 머무르지 마, 자꾸 도전하는 거야

～～～

동물은 그저 먹기 위해 살지만
인간은 도전하기 위해 산다.

도전 없는 자유는 그저 우울하다

장장 삼수를 하고 게다가 온갖 험난한 가정사마저 헤치고서 대학에 들어갔을 때, 나는 날 듯이 기뻤다. 대학만 가면 모든 것이 다 되고 행복해질 줄 알았다.

하지만 그것은 착각이었다. 겨우 한 달 정도 좋았을 뿐, 그 후로는 어쩔 줄 모를 당혹감과 심지어는 우울함 속에서 시간이 흘러갔다.

그때 나는 강렬한 깨달음을 얻었다.

'고통으로부터의 자유가 곧 행복은 아니다.'

나를 괴롭히던 고난과 고통이 사라지더라도 그것은 일시적인 행복일 뿐 영원한 행복은 아니라는 사실을 절감한 것이다.

많은 사람들이 이런 착각을 한다.

'돈만 생기면 / 건강해지기만 하면 / 대학만 가면 / 사업만 잘되면…'

지금 내가 겪는 고통의 원인이 사라지기만 하면 마냥 행복해질 것으로 착각한다. 그런데 막상 그렇게 싫어하는 상황과 조건들이 사라져도 그다지 행복하지가 않다. 왜 그럴까?

이에 관한 대답을 찾기 위해 먼저 자유란 무엇인가를 살펴보자. 자유에는 크게 두 가지 개념이 있다. 첫째는 무엇으로부터의 자유(freedom from something, 소극적 자유)이고, 둘째는 무엇을 위한 자유(freedom toward something, 적극적 자유)다.

우리는 보통 자유라고 하면 첫 번째 자유를 많이 생각한다. 이 자유만 얻으면 얼마든지 행복해질 것만 같다. 이것이 바로 앞서 말한 '고난과 고통으로부터의 자유'라고 할 수 있다.

그러나 고난과 고통이 사라질 때 일시적으론 행복할 수 있지만 영원한 행복은 불가능하다. 왜 그럴까? 진정한 행복은 두 번째의 자유를 실현하는 데서 얻어지기 때문이다. 한마디로 첫 번째 자유는 행복의 필요조건이고 두 번째 자유는 행복의 충분조건이다.

우리가 소극적 자유에만 만족할 때 이 자유는 도리어 우리에게 고통의 근원이 되기도 한다. 예를 들어 영화 〈쇼생크 탈출〉에는 평생을 감옥에서 보내고 가석방되어 출소한 브룩스라는 노인이 나온다. 그런데 안타깝게도 그 노인은 바깥세상이라는 '적극적 자유'의 공간으로 나온 후 자신의 무가치함만을 절감하다 우울증으로 목매달아 생을 마감한다. 그에게는 적극적 자유가 오히려 생명을 위협할 만큼 고통스러웠던 것이다.

우리나라의 살 만한 중산층 여성들에게도 이런 현상이 많이 보인다.

먹고살 만해서 별로 걱정할 것이 없고 시간도 많지만, 그 남는 시간이 별로 행복하지 않다. 심지어는 먹고살기 위해서 바삐 살아가는 사람들이 부럽다는 생각마저 든다. 하지만 주변에서는 배부른 소리 한다고 면박만 줄 뿐이다. 주어진 시간이 심심해서 뭔가 해볼까 하지만 사업이나 공부는 너무 부담스럽고 어렵게 느껴져서 감히 도전을 못한다. 이러다 보니 먹고살 만한 환경이 도리어 서글프게 느껴져 깊은 우울증 속으로 빠져든다.

왜 이런 일이 일어날까? 사람들이 삶을 제대로 모르기 때문이다.

단도직입적으로 말해보자. 먹고살 만하다고 살맛 나는 것은 아니다. 진정한 살맛은 내 삶의 이상과 목적을 찾고 실현하는 적극적 자유로부터 나온다. 동물은 배만 부르면 만족하지만 인간은 배가 부르다고 만족이 되던가.

그래서 소크라테스가 이렇게 말했는지도 모른다.

"배부른 돼지가 되기보다는 배고픈 철학자가 되라."

하지만 나는 이렇게 말하고 싶다.

"그냥 배부른 철학자가 되라!"

꼭 배고파야 철학자가 되는 것은 아니니까.

이렇듯 참된 삶의 행복은 적극적 자유를 실현하는 데 있고, 도전과 성취야말로 적극적 자유의 핵심이다.

즉 석
E F T

그럼 이제 적극적 자유를 누리는 삶을 살기 위해 EFT를 해보자. 소리를 내어 따라 읽는 편이 좋지만, 상황이 불편하다면 속으로라도 음미하며 읽으라. 반드시 손날 타점을 톡톡톡 두드리면서 읽어야 원하는 결과를 얻을 수 있다.

문제를 인정하고 받아들이기

- 나는 이 상황이 좋은 것은 아니지만, 그렇다고 여기서 벗어나는 것도 두려워 어쩔 줄 모르지만, 어쨌든 깊이 진심으로 나를 이해하고 받아들입니다.
- 나는 여기서 벗어나면 뭔가 큰일이 날 것 같은 두려움이 들지만, 다시 생각해보면 실패해도 별로 잃을 것도 없다는 것을 깨닫고, 깊이 진심으로 나를 이해하고 받아들입니다.
- 나는 이 상황이 심각한데도 더 나빠질까봐 아무것도 못하고 있지만, 어쨌든 나 자신을 이해하고 받아들입니다.

마음 풀기

- 이 상황이 싫다. 하지만 벗어나려고 도전하는 것도 두렵다. 더 나빠질까 두렵다. 하지만 최악은 도전하지 못하는 바로 이 순간에 있다. 게다가 힘들게 도전할 필요도 없다. 천천히 내게 맞는 속도로 도전하자. 도전으로 잃을 것은 우울함이요, 얻을 것은 자신감이나 혹 모를 성공이다. 그러니 가슴 펴고 그저 한 걸음씩 내딛자.

학교 담은 넘으라고 있고 한계는 깨라고 있다

인생의 성장이란 어떤 의미에선 한계에 직면하고 그것을 넘어가는 과정이다. 평생 하는 것만 하고 못하는 것은 못하는 삶을 살아왔다면 결코 성장하지 못했다는 의미다.

그러면 어떻게 해야 매일 발전할 수 있을까?

첫째, 매일 조그만 한계에 도전하다가 점차 큰 한계에 도전하라.

만일 여러분에게 지금 당장 사람 키를 훌쩍 넘어보라고 하면 아무도 할 수 없을 것이다. 아니, 어디서부터 시작해야 할지조차 막막할 것이다. 이렇게 너무 큰 목표를 한 번에 달성하려고 하면 누구나 막막하고 좌절하기 마련이다.

최배달의 무술 수련법 중에 일명 '수숫대 넘기'란 것이 있다. 수숫대는 성장 속도가 엄청나서 매일 몇 센티미터씩 자란다. 몇 달 뒤에 한여름이 되면 사람 키를 훌쩍 넘기기 마련이다.

이 수숫대를 매일 뛰어넘는다면, 처음 새싹일 때는 식은 죽 먹기지만 머지않아 버거워지는 순간이 오기 마련이다. 하지만 그동안 꾸준히 해온 바가 있기 때문에 수숫대가 자람에 따라서 엄청난 도약력을 갖게 되고 마침내는 사람 키도 훌쩍 뛰어넘게 된다. 그러니 작은 것부터 날마다 도전하여 실력을 키워라. 어느새 큰일도 아무렇지 않게 하게 될 것이다.

둘째, 한계 상황의 고통을 더 큰 고통으로 극복하라.

근력을 키우기 위해 역기를 들 때를 예로 들어보자. 만일 내 한계가

100킬로그램이라고 해서 매일 그 무게만 든다면 결코 기록을 갱신할 수 없다. 그래서 이런 한계를 뛰어넘기 위해서 한 무도가가 썼던 방법이 있다. 그는 감당하기 힘든 역기를 누워서 들다가, 더 이상 들어올릴 수 없는 한계에 이를 때는 옆에 선 제자로 하여금 바늘로 자기 몸을 쿡 찔러버리게 했다. 그러면 움찔하면서 꼼짝 못하던 역기를 번쩍 들어올리게 된다. 이렇게 일단 한번 성공하고 나면 그 뒤부터는 쉽게 성공한다. 그러다 얼마간의 시간이 지나면 같은 방식으로 다음 한계치에 도전하는 식이었다.

나는 한계에 도전하는 것이 두려워질 때마다 죽음을 생각한다. 아무것도 하지 못한 채로, 즉 도전을 안 했기에 실패조차 못한 채로 죽어갈 내 모습을 생각하면 실패하더라도 도전해보고 싶은 마음이 굴뚝같아진다.

참고로, 보통 몸의 한계에 도전하는 순간에는 근섬유가 파열되면서 통증이 유발된다. 하지만 시간이 지나면 파열된 근육이 회복되면서 더 굵어지고 더 강해진다. 그러니 한계에 도달해서 나의 과거 모습이 깨질 때 나는 더 강해지고 굵어진다.

깨지는 것을 두려워 말라. 깨져야 새로 태어날지니. 나는 평생 깨지면서 살아왔고 앞으로도 계속 깨질 각오로 산다.

셋째, 무의식을 융단폭격하여 원하는 대로 길들여라.

나는 과거에 영어 공부할 때 쓴 방법을 일명 '융단폭격법'이라고 이름 붙였다. 카투사로 복무할 때 영어 실력의 한계를 극복하기 위해서 썼던 방법이다. 나는 AFKN 라디오를 듣고, AFKN 텔레비전을 보고, 영어 일기를 쓰고, 영어 원서를 보고, 근무할 때도 미국인과 짝이 되어

했다.

이렇게 약 6개월간 지낸 후, 어느 날 잠결에 누가 한국말로 떠드는 소리가 들려 일어났더니 그게 영어 방송이었다. 드디어 내 무의식이 모국어와 외국어를 구분하지 않을 정도로 영어에 익숙해진 것이다.

이후로는 꿈속에서도 영어가 술술 나올 정도로 영어가 너무나 익숙해졌다. 뭔가를 잘하기 위해서는 이렇게 내가 익힐 것으로 무의식을 융단폭격해버리는 것이 최고의 방법이다.

넷째, 반복 반복 또 반복하라.

나는 이 방법을 일명 '물 위를 걷는 법'이라고 부른다.

나는 평생 외국어를 익혀왔다. 그런데 한학漢學, 영어, 중국어 등을 익히면서 단어 외는 것이 마치 물 위를 걷는 것과 같다는 느낌이 들었다.

먼저 한 발을 물에 내디딘다. 그리고 이 발이 빠지기 전에 다음 발을 빨리 내디딘다. 다시 그 발이 빠지기 전에 다른 발을 또 내디딘다. 육지에 도달할 때까지 이 과정을 죽 반복한다.

단어를 외는 과정도 똑같다. 한 단어를 왼다. 그 단어를 잊기 전에 또 왼다. 동시에 새로운 단어를 왼다. 다시 이 단어를 잊기 전에 또 왼다. 빠지기 전에 한 발 더 내딛듯, 잊기 전에 또 외어야 하는 것이 단어 암기의 비결이다.

다섯째, 최고를 목표로 하라.

나는 무엇을 하든 일단 하나를 하게 되면 그 분야의 최고수를 목표로 삼는다. 그래서 한의학에서는 중국의 허준이라 불리는 장경악을, EFT에서는 창시자인 개리 크레이그를, 철학에서는 김용옥을, 심리치료에서는 에릭슨을 목표로 했다.

최고수를 목표로 하다 보면 안주하지 않게 되고, 자꾸 분발하게 되고, 그러다 보면 최고수가 못 되더라도 최소한 고수는 될 수 있다. 그러니 처음부터 쉬운 목표를 정하지 말고 최고수를 목표로 정해 분발하면 머지않아 나의 한계를 넘어설 수 있다.

덧붙여서 확언과 EFT를 동시에 활용하면 더 쉽게 나의 한계를 극복할 수 있을 것이다.

확언으로 내가 원하는 모습을 생생하게 상상하라. 그리고 EFT로 도전의 두려움을 지워라.

확언으로 끌어당기고 EFT로 나의 족쇄를 풀어라.

확언으로 다시 쓰고 EFT로 지워라. 지우고 다시 써라.

어느새 내 인생이 저 너머에 가 있을 것이다.

도전에 관한 촌철활인

— 내 인생에서 가장 큰 기쁨은 가장 강한 자와 싸운 것이었다. 만만한 상대에게 뻔한 승리를 얻기보다는 가장 강한 상대와 힘겹게 싸워 차라리 깨지는 것이 더 즐거웠고 나를 키워주었다. 그 과정에서 나도 그들만큼 강해졌다. 두려울 만큼 강한 적이 가장 좋은 스승이다.

— 인간만이 자신을 이긴다. 그것이 인간이 동물과 다른 이유이기도 하다. 어찌 보면 세상에는 자신을 이긴 인간과 자신을 이기지 못한 인간의 두 종류의 인간이 있다. 당신은 어떤 인간이 될 것인가.

— 니가 하면 나도 한다. 질 수 없으니까. 니가 못하면 내가 한다. 도

전하고 싶으니까.

— 내가 어디까지 갈 수 있을까? 나는 그게 정말 궁금하다. 그것이 내가 사는 이유다.

— 종종 안 되는 줄 모르고 미련하게 덤비는 바보가 될 때까지 해서 성공하면 사람들은 '천재'라고 한다. 노무현 전 대통령이 그랬고, 아인슈타인이 그랬다. 그러니 머리가 너무 나빠도 종종 천재가 된다.

— 학교 담장은 넘어야 제맛이고, 삶의 한계는 깨야 제맛이다.

메뉴판이 요리가 아니듯
생각이 삶은 아냐,
자꾸 실천하고 경험해봐

~~~~

말한 대로 하는 사람은 무섭다.
말만 하는 사람은 우습다.

뇌에서 쥐가 나고 근섬유가 찢어질 때 참된 삶을 느낀다

앞서도 말한 대로 삼수까지 하며 힘들게 대학에 합격했을 때, 나의 무의식적 믿음으로는 이제 다 되었고 뭔가가 보장되었다는 생각이 들었다. 하지만 그것은 착각이었다. 아무것도 하지 않고 지내자 딱 일주일만 좋았다. 그다음에는 좋은 줄도 몰랐고, 좋은 것도 없었다. 남는 시간을 어떻게 보내야 할지 그저 막막하기만 했다.

그렇게 바랐던 대학 합격이 이렇게 별 볼일 없을 줄 그전에는 미처 몰랐다. 차라리 치열하게 머리통 터지게 공부하던 때가 더 좋았다는 생각마저 들었다.

그렇게 석 달 정도를 덧없이 지내다 4월이 되었고, 나는 이미 몇 달 전에 3차 시험까지 봐서 합격해뒀던 카투사로 입대했다. 그때 나는 이렇게 다짐했다.

'다시는 이따위로 덧없게 내 삶을 소모하지 않으리라!'

116

나는 입대하면서 이 다짐을 뼛속에 새겼고, 징하게 실천했다. 카투사로 자대 배치를 받자마자 근무와 상관없이 새벽 5시에 일어나 5킬로미터씩 조깅을 하면서 하루를 시작했고, 운동을 마치자마자 사서四書를 두 번씩 베껴 쓰고, 철학서를 읽고, 온갖 원서를 독파했다. 시간의 흐름 앞에서 덧없이 허송세월하는 폐인이 되지 않기 위해 스스로 일을 찾고 만들었다.

이렇게 살다 2년 뒤 제대 무렵이 되자 내 따블백은 책으로 꽉 찼다. 지고 나오는데 당시의 막강 체력으로도 다리가 후들거렸다. 나는 아직도 그때 지고 나오던 따블백의 책 무게를 잊을 수가 없다.

제대하자 복학하기까지 또 8개월 정도의 시간이 남았다. 그때도 역시나 새벽 5시에 일어나 동네의 해발 400미터짜리 산을 뛰어올랐다. 한겨울의 새벽 5시는 아직 한밤중이다. 콧김을 날리면서 산꼭대기에 올라도 여전히 새벽은 감감무소식이다.

산을 내려오면 이 열기를 식히기 위해 냉수마찰을 했다. 그렇게 운동을 마친 뒤 아침을 먹고 곧장 메타세쿼이아가 울창한 시립 구덕도서관으로 직행했다. 거기서 또 열심히 저녁 무렵까지 온갖 원서와 철학서를 주야장천 읽어댔다.

나는 그때 이른바 '머리에 쥐가 난다'는 말을 절감했다. 당시 내 뇌세포는 종일 과부하에 시달리다 결국에는 파열되고, 아침이 되면 다시 더 두껍게 재생되길 반복했을 것이다. 나는 이렇게 나의 뇌세포와 근섬유를 단련했다.

다시 시간이 흘러 한의대에 복학했다. 그러다 한약 분쟁으로 한의대생 전체가 1년 동안 집단 유급을 당했다. 1년 동안 수업은 없고 전국을 돌면서 집회만 했다. 나도 천성이 두고 보는 성격이 아닌지라 학년 비대위 대표까지 맡으며 전국을 돌았다. 하지만 그런 와중에도 수업이 없으니 시간이 많이 남았다. 그래서 또 하던 대로 공부에 매진했다. 이번에는 한의학의 태산이라고 할 수 있는《경악전서》에 도전했다.

군대에서 쌓은 한학 실력을 바탕으로 만 1년 만에 나는《경악전서》라는 태산을 넘었다. 산악인이 14좌를 완등하는 느낌도 이와 다르지 않을 것이다.

실제로 이렇게 공부하다가는 곧 죽을 것 같다는 생각이 들 때도 있었다. 그럴 때 나는 속으로 외쳤다.

'어차피 한 번 죽는 것 남자답게 실컷 공부나 하다 죽자!'

오래전에 박찬호가 이렇게 사인하는 것을 보았다.

"행복은 노력 순이잖아요."

그렇다. 살아 있다는 절절한 느낌은 뇌세포에 쥐가 나고 근섬유가 더 이상 무게를 버티지 못해 찢어질 때 오는 것이다.

"몸 사리지 마라. 어차피 때 되면 그 아끼던 몸뚱이도 여지없이 다 썩는다!"

성공하려 하지 말고 그저 경험해라

오래전에 소설가 황석영이 한 말이 생각난다. 어떻게 하면 글을 잘 쓸 수 있느냐는 질문에 그는 다음과 같이 말했다.

"글 쓰려고 고민하지 말고 그냥 열심히 살아라. 열심히 살다 보면 글은 따라온다."

그는 《장길산》을 연재할 때 우리나라 전역을 떠돌면서 현장에서 글을 쓰느라, 매번 마감 시간에 맞춰 시외버스 터미널로 나가서 서울 가는 사람 아무나 붙잡고 원고를 부쳤다고 한다. 그래서 전 국민이 배달부가 되어주었다며 감동했다.

나는 개인적으로 소설을 그다지 좋아하지 않는다. 요즘 나오는 맥없는 소설들을 보느니 차라리 영화를 보는 편이 삶을 더 윤택하게 만들기 때문이다. 하지만 황석영의 소설에서는 존재를 움직이는 힘이 느껴진다. 결국 그 힘의 정체는 그의 삶과 경험이었던 것이다.

내가 허먼 멜빌의 《모비 딕》에 확 꽂힌 것도 아마도 저자의 삶 자체가 그러했기 때문일 것이다. 이렇게 진하게 경험하다 보면 글도 나오고, 돈도 따라오고, 성공도 온다.

그러니 이제 진한 삶을 경험해볼 수 있게 다음처럼 EFT를 해보자. 필요하다면 반복해도 좋다. 소리를 내어 따라 읽는 편이 좋지만, 상황이 불편하다면 속으로라도 음미하며 읽으라. 반드시 손날타점을 톡톡톡 두드리면서 읽어야 원하는 결과를 얻을 수 있다.

문제를 인정하고 받아들이기

• 나는 이 모든 경험이 벅차고 두렵고 버겁지만, 어쨌든 있는 그대로 이 경험과 나 자신을 이해하고 받아들이고 감사합니다.

• 내가 이 경험을 거부하든 받아들이든 어쨌든 이것은 당분간 지속될 것이고, 나는 상황이 바뀌기를 기다리며 힘들어하기보다는 일단 먼저 나의 마음을 편하게 만드는 것을 선택합니다.

- 상황을 바꾸는 것보다 내 마음을 바꾸는 게 더 쉽고 빠르니까. 지금은 싫게 느껴지는 이 경험이 내 삶의 전체에서 어떤 밑거름이 될지 또 모르니까. 인생이라는 큰 그림 속에서 좋은 것이 나빠지기도 하고 나쁜 것이 좋아지기도 하니까. 그렇게 모든 것은 변화하니까 이것 또한 지나가리라. 그러니 다시 한 번 마음속 깊이 있는 그대로 이 모든 경험과 나 자신을 이해하고 받아들입니다.

마음 풀기

- 경험하라. 경험이 가장 큰 재산이다. 삶의 목적은 성공이 아니라 경험이다. 많은 부모들은 자기 자식이 무난*하게, 즉 아무 경험 없이 성공하기를 바란다. 과연 무난한 성공이 가능하고 의미가 있는 것일까? 골짜기 없는 산이 산이 아니듯 경험 없는 성공이 성공일까? 정상 정복이 등반의 목적이라고 헬기를 타고 정상에 오르는 등반가는 없듯, 성공이 삶의 목적이라고 경험(과정) 없이 성공에 이른들 의미가 있을까?

- 그러니 그저 충분히 경험하라. 그리고 그 과정에서 중간중간 얻어지는 성공이라는 의외의 열매를 충분히 음미하라. 하지만 등반가가 정상에 영원히 머무를 수 없듯 약간의 시간이 지나면 성공도 내려놓고 다시 떠나라. 오를 정상도 많고 맛볼 성공도 너무나 많으니, 누군가 당신의 성공을 탐낸다면 던져주고 가라. 그저 충분히 경험하고 떠나라.

- 한 정상에 머무르지 않을 때 수많은 정상을 오를 수 있고, 한 성공에 머무르지 않을 때 수많은 성공을 맛보리. 그러니 그저 떠나고 또 경험하라. 경험이라는 사막에 성공이라는 오아시스는 여기저기 충분히 있다. 그러니 인생을 믿고 떠나라. 붙잡지 않으면 모든 것을 가질 수 있으리.

실천과 경험에 관한 촌철활인

— 철학 공부 한 사람은 크게 두 가지로 나뉜다. 쓸데없이 생각이 많거나 정말 쓸 만한 생각을 하거나. 그 차이는 실천 여부다. 스티브 잡스도 이소룡도 다 철학과 출신이다. 철학은 머리가 아니라 몸으로 해야 한다. "철학+실천=경악"이다.

— 실패하더라도 안 하는 것보다는 낫다. 계획이 어긋나더라도 없는 것보다는 낫다. 전략이 틀리더라도 없는 것보다는 낫다. 어쨌든 뭔가 하는 것이 안 하는 것보다는 낫다. 이왕 하는 바에 잘하는 게 더 낫다.

— 정치비평으로 정치가 바뀌지 않는다. 인생비평으로 인생이 바뀌지 않는다. 현실이 바뀌지 않는 이유는 내가 실천이 없이 비평만 하기 때문이다. 비평은 아무리 커도 좌절감만 주고 실천은 아무리 작아도 성취감을 준다. 이제 비평보다는 실천을 하자.

— 미리 준비하라. 아니면 닥치는 대로 하게 된다. 준비하는 자는 성공의 영광을 누리고, 닥치는 대로 하는 자는 되는대로 살게 된다.

— 일을 쫓아가라. 아니면 일에 쫓긴다. 일 없을 때 일을 찾아서 하는 사람은 일을 쫓는 것이고, 펑펑 놀다가 일 터져야 겨우 하는 사람은 일에 쫓기는 것이다. 일을 쫓는 사람이 성공하기 마련이다.

— 실력보다 운이라고들 한다. 종종 좋은 운이 좋은 실력보다 나을 때도 있다. 하지만 실력이 10년 이상 쌓이면 용이 구름을 몰듯 운을 몰고 다닌다. 10년 이상 하면 실력으로 운도 만들어낼 수 있다. 그러니 운을 만들 실력을 키워라.

— 인생은 한 방이다. 그러니 너무 좌절하지 마라. 그런데 그 한 방은 준비된 자가 잡는다. 그래서 또 인생은 한 방이 아니다. 그러니 너무 태만하지 마라.

— 넘치도록 일하라. 받은 만큼만 일하면 명퇴당할 것이고, 받은 만큼도 못하면 강퇴당할 것이고, 받은 것 이상으로 일하면 승진할 것이다. 받은 만큼만 일하는 게 현명할 것 같지만, 그러다 평생 그만큼만 받는다. 먼저 넘치도록 보여주고 그만큼 받아라.

— 네가 아는 것이 아니라 네가 실천하는 것으로 돈을 번다. 그러니 무엇이든 그냥 해라.

— 내가 그저 이 길을 원할 때 삶은 저 길을 주었다. 한동안은 저 길만 주는 삶에 분노와 좌절을 느꼈다. 그런데 돌아보니 어느덧 저 길이 이 길을 품고 있었고, 저 길이 이 길보다 나은 길임을 깨달았다. 돌아보니 이 길이 아닌 저 길이 내 삶을 풍요롭게 했다. 그러니 어떤 길이든 그저 한번 죽 가보라.

— 외부의 상황과 조건이 개선되지 않아도 내면의 상황과 조건은 바꿀 수 있다. 어떤 상황에서든 기다리지 말고 주도하라.

— 남들이 나를 믿지 않으면 서운해하기보다는 몸으로 보여줘라. 서운해하는 사람은 많이 봤어도, 보여주는 사람은 별로 못 봤다.

— 형편과 조건이 부족한가. 그저 있는 자리에서 있는 것으로 시작하라. 시간이 지나면 충분히 갖게 될 것이다.

— 좋아지려고 노력하지 마라. 습관적으로 좋아져라. 좋은 것을 자꾸 하면 습관이 되고, 나중에는 습관적으로 좋아질 것이다. 습관은 인간을 망치기도 하고 인간을 살리기도 한다. 무엇이든 한두 달 자꾸 하면 나중에는 습관이 되고, 결국 이 습관이 나를 끌고 간다.

— 미래는 예측하는 것인가, 아니면 만드는 것인가. 역사가 보여주듯 준비된 사람들이 미래를 만들고 나머지는 그들을 따라갈 뿐이다. 그러니 준비가 미래를 만든다.

나다워도 돼, 나다운 게 좋아, 주체성 있게 당당하게 살아

내 삶을 내 뜻대로 살지 못한다면
도대체 왜 살아야 한단 말인가.

훈수꾼은 바둑을 책임지지 않는다

갑돌이가 동네 어귀 정자에서 한가롭게 친구와 바둑을 두고 있었다. 장소가 장소인지라 많은 사람이 지나가다가 훈수 삼아 한마디씩 던졌다.

한참 바둑을 두다가 마침내 대마가 잡힐 위기에 몰린 갑돌이가 고심하고 있자 지켜보던 한 노인이 한 점을 가리키며 자신감 있게 말했다.

"여기에 놓으면 바로 뒤집을 수가 있어."

이에 갑돌이가 그 말을 믿고 돌을 놓았지만 이내 몇 수 만에 돌을 던져야 했다. 화가 잔뜩 난 갑돌이가 그 노인에게 대차게 대들자 노인은 이리저리 변명을 늘어놓다가 마침내 이렇게 외쳤다.

"그게 내 바둑이냐? 니 바둑이지."

내 인생도 어찌 보면 한 판의 바둑과 같다. 많은 사람들이 훈수꾼을 자처하면서 이래라저래라 한마디씩 거든다. 내 바둑에 자신이 없으면 훈수꾼 말에 휘둘리기 마련이고 그러다 보면 여러 문제가 생기기 마련이다.

첫째, 이들 훈수꾼의 실력이 이창호인지 18급인지 내가 모른다는 점이다. 그러니 실컷 시키는 대로 해도 바둑을 질 수 있다. 훈수꾼의 말을 듣기 전에 훈수꾼의 실력부터 알아야 한다.

둘째, 훈수꾼의 실력과 상관없이 바둑의 승패는 내가 책임진다는 점이다. 사실 훈수꾼들은 책임질 필요가 없으니 쉽게 한마디씩 한다. 하지만 가장 중요한 사실은 이 바둑은 내 바둑이고 훈수꾼들이 책임져주지 않는다는 것이다.

인생도 바둑처럼 수많은 훈수꾼이 등장한다. 이들 훈수꾼은 크게 두 종류로 나눠볼 수 있다.

첫째, 별로 영향력 없는 훈수꾼들이다. 별로 좋아하지 않는 연예인들, 탐탁지 않은 친구, 믿기지 않는 종교 등이다.

둘째, 너무 영향력이 큰 훈수꾼들이다. 부모님과 아내와 같은 가족, 의사나 과학자 같은 전문가, 믿음직해 보이는 정치인과 종교인 등이다.

그런데 영향력 있는 훈수꾼들이라고 무조건 신뢰해서는 안 된다. 왜냐하면 인생은 바둑만큼 분명하지 않으니까.

바둑은 아마와 프로도 있고 단수와 승률도 있지만 인생에는 아마도, 프로도, 승률도, 단수도 없다. 그러니 인생에 관한 한 그 누구도 특별히 우월하게 전문가라거나 인생 10단이라고 말할 수 없다.

바로 이런 인생의 특성 때문에 유사 이래로 수많은 지도자나 종교인, 전문가들이 한동안은 믿을 만한 훈수꾼이었다가 마침내 엉터리 허풍꾼이라는 정체가 드러났다.

인생은 너무나 복잡다단하기 때문에 훈수를 아예 듣지 않을 수는 없다. 다만 인생의 이런 특징 때문에 우리는 훈수꾼들을 분별하는 능력을 키워야 한다.

첫째, 끊임없이 의심하고 공부하라. 세상의 지도자나 전문가들이 과연 그만한 능력이나 진실을 갖고 있는지 판단할 능력을 가져야 한다. 그들의 말에 쉽 없이 의문을 제기하고 필요하면 직접 공부하라.

둘째, 훈수꾼을 참고하되 내 인생의 책임자는 나라는 사실을 항상 명심하라. 결코 훈수꾼들에게 내 인생을 책임지게 할 수 없다는 사실을 명심하라.

특히 수많은 종교인들이나 정치인들이나 선생들이나 펀드매니저들은 자기들이 마치 다 책임져줄 것처럼 말한다. 사기꾼일수록 더 그런 법이다.

누구도 내 바닥을 책임질 수 없고, 누구도 내 인생을 책임질 수 없는 법이다. 그러니 내 인생을 책임져줄 수 있다고 말하는 사람은 100퍼센트 사기꾼이라고 보면 된다. 하지만 아쉽게도 수많은 사람들이 이런 사기꾼들에게 당해 재산과 시간과 인생을 다 날리고 있다.

내가 가는 길이 길이다

강의와 상담을 하다 보면 많은 사람들이 나에게 이런 질문을 한다.

"이렇게 하는 게 맞아요?"

"이렇게 해도 되나요?"

이런 질문들을 들으면서 나 자신은 뭔가를 배울 때 어떻게 생각하는지 되짚어보았다. 그런데 나는 주로 이런 질문을 많이 했다.

"꼭 저렇게만 할 필요가 있을까?"

"저 방법이 꼭 최선일까?"

나의 기본적인 전제는 이런 것이다. 아무리 그 사람이 최고라 해도 여전히 모르고 부족한 부분이 있고, 내가 더 잘할 수 있는 부분도 있으니, 결국 내 삶의 상황에 맞는 답은 내가 찾아야 한다.

처한 상황이 같아도 질문이 다르면 답이 달라진다. 바로 내 인생이 내가 던진 질문에 돌려준 답이다. 사람들이 나에게서 느끼는 혼란과 자유로움은 바로 이런 '질문의 차이'에서 비롯되는 것이다.

만일 진리가 궁극의 보편성과 절대성이 있는 어떤 것이라고 한다면 분명 나의 삶에도 진리가 깃들어 있음이 틀림없다. 세상의 권위자들에게 "맞아요?"나 "되나요?"라고 묻는 것은 진리에서 비롯되는 지혜가 내가 아닌 타인에게 있다고 무의식적으로 가정하고 있는 것이다. 그렇다면 그것은 그 사람의 진리일 뿐 나의 진리는 아니라는 말이니, 그것이 어떻게 절대 보편성을 지닌 진리라 할 수 있겠는가.

그런 면에서 EFT의 창시자 개리 크레이그의 말을 정말로 강조하고 싶다. 이 말은 천하의 명언이다.

"나의 길은 수많은 길 중에 하나의 길이지 꼭 누구나 따라야 하는 그 길이 아니다.(My way is a way not the way.)"

예수의 길도 하나의 길이며, 부처의 길도 하나의 길이며, 마호메트의 길도 하나의 길이며, 공자의 길도 하나의 길이다. 하지만 수많은 종교인과 이데올로그^{ideologue}들이 마치 진리에는 '하나의 그 길'만 있는 것처럼 신도와 추종자들을 협박하여 오히려 거짓 진리의 노예가 되게 만들었다.

어떤 길도 독점될 수 없는 '하나의 길(a way)'이며 모든 길이 '그 길(the way)'임을 명확히 알아 주체적으로 나의 길을 갈 때라야 거짓 세상의 종말이 오고 참된 세상의 개벽이 올 것이다.

그러니 모두 외쳐보자.

"내가 가는 길이 바로 그 길이다.(My way is the way.)"
"나를 구원하는 자는 나일 뿐!(I am the one who saves myself!)"

나의 길과 나의 진리를 타인으로부터 인정받아 정당화시키려고 하지 말라. 그것은 진리와 나의 삶을 타인에게 구걸하는 것에 불과하다.

고故 최진실 씨는 죽기 전에 "이제는 나이가 들어 더 이상 인기를 얻지 못할까 두렵다"는 말을 자주 했다고 한다. 하지만 최진실이 죽고 난 뒤의 추모 열기를 보면 이 세상 어느 누구도 그녀보다 더 많은 사랑과 인정을 받아본 적이 없어 보인다.

이처럼 아무리 많은 사람에게 인정받고 사랑받아도 오직 진정 소중하고 필요한 사람, 즉 '나 자신'의 자기 인정과 자기 사랑이 없으면 모두 무의미해지는 것이다.

결국 세상과 우주를 다 준다 해도 바꿔서는 안 될 단 한 가지는 자기 인정이다.

"내가 가는 길이 바로 그 길이며 나의 길은 가장 소중하다."
"내가 나의 길을 갈 때에 이 우주는 더욱 풍요로워진다."
"수많은 야생화로 인해 들판이 찬란하게 빛나듯, 모두가 가는 '나만의 길'로 인해 세상이 다양해지고 우주가 풍성해진다."

"나의 실패도 성공만큼이나 내 인생을, 또한 이 우주를 풍성하게 한다."

그러니 이제 더 이상 이른바 세상의 스승들에게 "되냐고", "맞냐고" 묻지 말고 각자 자신의 길을 꿋꿋이 자신감 있게 가라.

주체성이 성공이고 돈이다

많은 부모와 선생님과 언론들이 이렇게 해야 잘살 수 있다고 말한다. 선생님과 부모와 대통령이 시키는 대로 공부 잘해서, 좋은 대학 가서, 좋은 직장 잡아서, 절대로 튀지 않으면서 적당히 잘 먹고 잘사는 게 좋은 인생이라고들 한다.

하지만 여기에는 커다란 맹점이 있다. 이런 평범한 길은 너무나 경쟁이 치열한 레드 오션이라는 것!

다들 이렇게 살려고 하다 보니 경쟁률이 최소한 몇백 대 일은 될 것이고, 그러다 보니 이렇게 평범하게 살기 위해서는 수백 명을 제칠 수 있는 탁월함과 비범함이 필요해진다. 한마디로 평범하게 살기 위해서 치열하게 비범해져야 하는 것이다. 그런데도 이게 진실인가.

그들의 말이 진실이라면 왜 이 많은 사람들이 항상 이 모양 이 꼴로 사는가. 누구도 이길 수 없는 게임의 룰을 정해놓고 그 안에서 이기려고 하는 우둔한 짓을 많은 사람들이 하고 있다. 이것은 마치 카지노에서 돈을 따먹으려고 하는 것과 같아서 잘해봐야 본전치기일 뿐 이래저래 힘만 소모될 뿐이다.

그래서 나는 범인凡人들을 위한 성공의 법칙을 다시 정리해보았다.

1. 열심히 살지 말고 재미있게 놀아라.

2. 자격증 따지 말고 자격증을 주는 사람이 되어라.

3. 남 하는 대로 하지 말고 나 하고 싶은 대로 하라.

4. 남의 말 듣지 말고 내 안의 목소리를 들어라.

5. 다들 하는 일은 하지 말고 나만의 일을 죽 하라.

6. 돈 때문에 하지 말고 그저 좋아서 하라.

7. 남들이 좋다고 하면 무시하고 내가 좋다고 느끼면 하라.

8. 남들이 뜯어말려도 나는 절대로 성공한다고 믿고 그냥 죽 하라.

9. 좋은 대학 가지 말고 원하는 대학에 가라.

10. 전망 좋은 직장 가지 말고 좋은 느낌을 주는 직장으로 가라.

11. 남들이 말리는 일은 어떻게 되는지 기필코 해보라. 적어도 이에 관한 모험기로라도 돈 벌 수 있을 것이다.^^

많은 사람들이 앞의 성공법칙을 보고서 한편으론 수긍하면서도 여전히 다른 한편으론 찜찜해할 것이다. 그래서 여기에 또 다른 객관적인 근거를 제시한다. SBS 다큐멘터리 〈인재 전쟁〉에서 나온 내용이다.

미국의 한 연구소가 1960~80년까지 1,300명의 아이비리그 졸업생들을 대상으로 직업 선택에 따른 부의 축적도를 조사했다. 1,245명(83퍼센트)은 돈을 많이 버는 직업을 선택했고, 255명(17퍼센트)은 좋아하는 일을 선택했다. 20년 뒤 이들 중에서 101명의 백만장자가 나왔는데, 100명은 좋아하는 일을 선택한 사람들이었고 오직 한 명만이 돈을 많이 버는 일을 선택한 사람이었다.

그러니 돈 좇아가지 마라. 돈 안 된다. 성공 좇아가지 마라. 성공 못한다.

몇 해 전에 한창 펀드가 주가를 올릴 때의 일이다. 명절을 맞아 고향에 내려갔는데 어머니가 이렇게 말했다.

"요즘 펀드가 돈이 된다며? 그래서 나도 3천만 원을 펀드에 넣었다."

자초지종을 들어보니 보험 아줌마의 꼬드김에 넘어가 변액보험에 든 모양이었다. 그러면서 곧 목돈이라도 벌 듯한 환한 표정을 하고 계시는 것이 아닌가! 그런데 문제는, 어머니는 평생 주식의 주 자도 모르고 학력도 초졸밖에 되지 않아 세상물정에 그리 밝지 않다는 점이었다. 그 순간 "시장 아줌마들까지 주식 얘기를 꺼내면 발을 빼라"는 주식 격언이 생각났다. 직감적으로 이제 펀드는 몰락하겠다고 느꼈다.

그 후 몇 달이 지나자 아니나 다를까 펀드가 대폭락하기 시작했다. 곧이어 어머니가 전화해서 생돈이 반 토막이 났으니 보험사나 관계 기관에 진정이나 민원을 넣겠다고 하소연했다.

이렇듯 많은 사람들이 상식과 유행과 대세를 따른다. 실례로 요즘은 영어가 대세라고 한국말도 아직 모르는 애들에게 영어부터 가르치느라고 다들 정신이 없다. 이 영어교육 열풍이 펀드 열풍과 또한 비슷하다는 생각이 들지는 않는가.

한마디로 정리해보자.

— 남들 모두 아는 것은 상식이고 그것 안다고 돈 안 된다. 남들이 모르는 것을 알아야 비로소 돈이 된다.

— 남들 모두 할 줄 아는 것은 기본이고 그것 한다고 돈 안 된다. 남들이 못하는 것을 해야 비로소 돈이 된다.

물과 공기는 생명 유지에 필수 요소지만 아무도 돈 내지 않는다. 너무나 흔하기 때문이다. 반면에 다이아몬드는 생명 유지에 전혀 불필요하지만 엄청 비싸다. 너무나 희귀하기 때문이다. 그러니 남들 다 한다고 따라다니다가는 결국 어디서나 흔하게 굴러다니는 범재凡材밖에 더 되겠는가! 그래서 남들이 하지 못하는 것을 하고 남들이 알지 못하는 것을 아는 사람이 결국 성공할 수밖에 없다.

주체성과 당당함에 관한 촌철활인

— 나는 초등학교 때부터 반골이었나 보다. 아버지 직업란에 '노동', 학력란에 '중졸'이라고 당당히 쓰곤 했다. 약간 창피함이 느껴질 때마다 혼자 되새겼다. '아버지가 노동하는 게 왜 창피할 일이냐?' 그때 이렇게 생각하지 않았다면 지금의 나도 없다.

— 세상의 못난 놈들 다 사라지면 세상의 잘난 놈도 다 사라진다. 그러니 네 잘난 것은 스스로 잘난 것이 아니라 못난 사람 덕인 줄 알고 겸손하게 살 줄 알라. 반면에 못난 놈은 내 덕에 잘난 놈들 기 펴고 산다고 생각하고 떳떳하게 살 줄 알라.

— 자기보다 재산이 열 배 많으면 친해지려 하고, 백 배 많으면 존경하고, 천 배 많으면 두려워하는 게 인심이다. 그러니 있든 없든 당당한 사람이 최고의 부자다.

— 내가 카투사로 근무할 때의 일이다. 한 미군과 대화하는데 그 미군이 내 발음이 틀렸다면서 자기를 따라 하라고 했다. 이에 내가 영어로 말했다. "여기는 내 나라야. 나는 내 식대로 말해. 그러니 네가 내 영

어를 따라 해라, 짜샤!"

— 몸은 죽어도 기는 죽지 마라.

— 아빠 덕에 잘나면 좋다. 집안 덕에 잘나도 좋다. 돈 있어서 잘나도 좋다. 이런 사람들 앞에서도 꿋꿋이 잘나면 더 좋다. 그런데 이것들 없이도 스스로 잘나면 가장 좋다.

— 몇몇은 세상을 바꾼다. 대부분은 세상이 그들을 바꾼다.

— 내 맘을 내 맘대로 할 수 없는 사람은 어떤 것도 내 맘대로 할 수 없다. 내 맘을 내 맘대로 가질 수 없는 사람은 어떤 것도 내 맘대로 가질 수 없다. 그러니 이 세상에서 가장 중요한 일은 내 맘을 내 맘대로 하고 갖는 것이다.

— 군자란 없어도 떳떳하고 있어도 무심하다.

우리는 꿈꾸기 위해 사는 거야, 자주 꿈을 꿔

~~~

동물은 먹고살기 위해 산다. 사람은 꿈꾸기 위해 산다.
그러니 어쨌든 꿈을 꾸어라. 꿈을 실현하라.

결코 꿈을 버리지 마라

「나에게는 몬티 로버츠라는 친구가 있다. 몬티는 산이시드로에 말 농장을 갖고 있었다.

하루는 몬티의 도움으로 내가 그 농장에서 청소년 프로그램의 기금 모집 이벤트를 하게 되었다. 그런데 이벤트의 막바지 무렵에 몬티가 이렇게 말했다.

— 제가 왜 이 농장을 개방했는지 그 이야기를 들려드려도 될까요? 이건 어느 떠돌이 조련사의 아들에 관한 이야기입니다.

그의 아버지는 이 농장 저 농장을, 이 경마장 저 경마장을, 이 마구간 저 마구간을, 이 땅 저 땅을 떠돌면서 말을 조련하는 사람이었죠. 그래서 그의 아들은 학교 교육을 제대로 받을 수 없었어요.

그런데 그 소년이 초등학교 고학년이 되었을 때, 선생님은 커서 뭐가 되고 싶은지 글을 써오라고 시켰어요. 그날 밤 소년은 무려 일곱 쪽에 걸쳐서 언젠가는 나만의 말 농장을 가질 것이라는 목표를 세세히 적은 글을 썼지요. 소년은 자신의 꿈을 아주 꼼꼼하게 설명했는데, 심지어는 200에이커(약 25만 평)에 이르는 농장의 도표를 만들고 모든 건물과 마구간과 경주로 등의 위치도 일일이 적어 넣었어요. 게다가 그 방대한 부지에 들어설 4천 제곱피트(약 112평) 크기 저택의 기초 도면까지 그렸어요.

소년은 너무나도 큰 열정을 쏟아부은 그 숙제를 다음 날 선생님께 내밀었습니다. 그리고 이틀 후에 다시 돌려받았는데, 그 첫 장에 "수업이 끝나고 찾아와"라고 적힌 쪽지와 함께 F라는 새빨간 글씨가 커다랗게 쓰여 있는 게 아니겠어요?

소년은 수업을 마치고 선생님을 찾아가 물었지요.

"왜 제가 F를 받았죠?"

선생님이 말했어요.

"너같이 어린아이에게 이건 너무나 비현실적인 꿈이야. 너는 돈도 없고 게다가 떠돌이잖니. 너는 아무런 자원도 인맥도 없어. 말 농장을 가지려면 엄청난 돈이 필요해. 땅도 사야 하고, 좋은 망아지도 사들여야 하고, 값비싼 종마도 사 와야 한단다. 네가 이런 일들을 무슨 수로 해내겠니? 네가 좀 더 현실적인 목표에 대해 글을 새로 써온다면 그때 숙제 점수를 다시 매길 거야."

소년은 집으로 가서 정말 오랫동안, 열심히 고민했어요. 아빠에게도 물어봤고요.

"아빠, 어떡해요?"

아빠는 말했어요.

"얘야, 그건 네가 스스로 결정해야 한단다. 어쨌든 이것이 네겐 아주 중요한 결정이라는 생각이 드는구나."

이 문제로 한 주간 고민한 끝에, 소년은 이전의 글짓기를 전혀 손대지 않은 채로 그대로 다시 제출했어요. 소년은 말했어요.

"선생님은 나의 F를 가지세요. 나는 나의 꿈을 가질 거예요."

이야기를 마친 몬티는 주위에 모인 사람들에게 이렇게 말했다.

— 제가 왜 이 이야기를 했는지 아시겠어요? 지금 여러분이 바로 그 200에이커(약 25만 평)의 대지에 4천 제곱피트(약 112평)짜리 저택이 있는 농장에 와 있기 때문이죠. 저는 그때의 작문 숙제를 아직도 벽난로 곁에 액자로 만들어 보관하고 있어요.

재미있게도 두 해 전 여름에 그때 그 선생님이 30명의 아이들을 데리고 제 농장에 일주일간 캠핑을 하러 왔었어요. 선생님은 떠나면서 이렇게 말씀하셨죠.

"몬티, 꼭 이 얘기를 하고 가야 할 것 같아. 내가 자네의 선생님이었을 때, 나는 정말 아이들의 꿈을 망치는 사람이었네. 그 여러 해 동안 나는 수많은 아이들의 꿈을 빼앗아버렸어. 하지만 다행히 자네는 내 말에 굴하지 않고 배짱 좋게도 꿈을 지켰더군. 결코 다른 사람이 우리의 꿈을 훔쳐가지 않게 하게. 무슨 일이 있어도 내면의 진심 어린 꿈을 따르게."」

이상은 작가 미상의 어느 영문을 내가 번역한 것이다.

〈쇼생크 탈출〉이라는 명작 영화가 있다. 이 영화에서 팀 로빈스는 모건 프리먼에게 "희망은 좋은 것"이라고 이야기하고, 모건은 "감옥에서 희망이란 부질없고 좌절만 더할 뿐"이라고 말한다. 결국 희망을 잃지 않았던 팀은 탈옥하여 자유를 찾고, 이후에 가석방되어 팀을 찾아간 모건은 뒤늦게 '희망은 좋은 것'이라는 생각에 진심으로 동의하게 된다.

그러니 모건처럼 늦기 전에 미리 가슴에 새겨두라.

"꿈은 좋은 것이다. 꿈은 우리를 그곳으로 데려간다."

우리는 소위 '현실'이라고 불리는 감옥 속에 가로막힌 채 살아가는 듯하다. 하지만 꿈은 그 단단한 감옥에서 나를 꺼내줄 가장 확실한 도구다. 특히 EFT와 확언이 결합되면 가장 확실한 탈옥 도구가 완성된다.

꿈은 나를 그 방향으로 데려간다

"누구나 꿈을 꾼다. 그러나 그 꿈이 모두 같은 것은 아니다. 밤에 꿈을 꾸는 사람은 밝은 아침이 되면 잠에서 깨어나 그 꿈이 헛된 것이라는 사실을 이내 깨닫는다. 반면에 낮에 꿈을 꾸는 사람은 몹시 위험하다. 그런 사람은 눈을 활짝 뜬 채 자신의 꿈을 실현시키려고 행동한다. 그렇다. 나는 낮에 꿈을 꾸었다."
—T. E. 로렌스의 《지혜의 일곱 기둥》 중에서

많은 사람들이 꿈을 버리고 산다. 꿈을 가지면 현실에 불만을 느끼고 결국 실망에 빠지게 된다는 이유로 꿈이 없는 삶을 정당화하고 심지어는 꿈을 가진 사람들을 비난하기도 한다.

특히 많은 부모들은 자신의 아이가 자유로이 꿈을 말하면, 언제 철이 들 거냐며 도리어 적극적으로 그 꿈을 깬다. 비극적인 현실에 적응해서 그저 먹고살 궁리나 하라고 다그친다.

하지만 이런 말을 되뇌는 부모들은 정작 그 자신이 행복이나 성공과는 거리가 멀다. 그들은 생존만을 꿈꾸고, 그로 인해 힘겹게 생존만 하며 살고 있다. 자신의 삶에 만족과 감사함을 느끼지 못하는 채로 이런 운명을 받아들이는 수밖에 없다고 마지못해 체념하고 있을 뿐이다.

도대체 그들이 꿈을 포기하고서 얻은 것이 얼마나 되며, 또한 진정 꿈을 꾸기라도 해보았단 말인가!

우리가 새로운 뭔가를 시도하려고 할 때 가능성이 없다고 또는 위험하다고 말리는 모든 사람들, 그들은 사실 그 일을 해본 적도 없고 심지어는 제대로 알지도 못한다.

다시 말해서 그들은 자기들이 별로 또는 전혀 알지도, 해보지도 못한 일을 누군가 하려고 하면 열심히 뜯어말리는 것이다. 도대체 알지도, 해보지도 않은 일이 될지 안 될지를 어떻게 안단 말인가.

그들이 해줄 수 있는 최선의 조언이래 봤자 "나처럼 안전빵으로 살다 보면 실패할 기회조차 없이 이렇게 별 볼일 없이 살게 된단다"가 아니면 무엇이겠는가. 그들에게 얻을 수 있는 유일하고도 정당한 조언은 '인생을 별 볼일 없이 사는 법' 정도일 뿐이다!

그러니 나 자신이 진정으로 원하는 삶을 살아보기로 결심한 용기 있는 사람들에게 말하노니, 다음 문장을 목청껏 외치고 느끼고 외라.

"꿈은 나를 그 방향으로 데려간다!"

하지만 꿈은 돈이 안 되지 않냐고? 먹고살기 위해 살면 아무리 성공해도 먹고사는 걸로 끝난다. 그러니 못 먹고살아도 꿈을 가져라. 꿈은 어쨌든 나를 그곳으로 데려가고 어쨌든 먹고사는 것 이상은 해준다.

세상에는 꿈의 생산자와 소비자가 있다. 내 꿈을 꾸지 못하면 남의 꿈을 돈 주고 사야 한다. 자동차는 포드의 꿈이었고, 스타벅스는 슐츠의 꿈이었고, PC는 잡스의 꿈이었다. 그러니 꿈은 돈이 안 된다고 말하지 마라.

잡스는 PC 시대를 열고 또다시 아이폰과 아이패드의 시대를 열었다. 이들의 꿈이 세상을 바꿨다. 꿈을 꾸면 세상을 바꾸지만, 현실만 보면 현실에 짓눌린다. 그러니 꿈을 꾸고 꿈을 실현하라.

꿈을 포기한다고 뭔가 얻을 수 있는 것이 있다고 생각하면 오산이다. 꿈은 어쨌든 나를 그 방향으로 데려가고 뭔가를 만들어내고 뭔가를 변화시킨다. 내가 꿈꾸지 않으면 다른 사람이 꾸는 꿈에 끌려갈 뿐이다.

마음은 내비게이션과 같다. 가고 싶은 곳을 찍지 않으면 계속 그 자리에 맴돌 뿐이다. 이제 원하는 곳을 찍고 그곳으로 출발하라. 꿈은 어쨌든 꾸는 만큼 나를 그 방향으로 데려가니, 어쨌든 간 만큼 이득이 아니겠는가.

벽돌만 그냥 쌓는다고 63빌딩이 되진 않아, 삶에도 전략과 지혜가 필요해

~~~

여행에는 지도가 필요하듯 삶에는 전략이 필요하다.
생각 없이 살면 사는 대로 생각하게 된다.
그러니 생각 좀 하고 살아라.

인생이라는 도박에서 승리하는 전략

인생은 도박(betting)이다. 왜? 항상 어디에 뭔가를 걸어야 하니까.

그런데 세상에는 두 종류의 도박이 있다. 로또처럼 순전히 운에 의존하는 도박이 있고, 카드 게임이나 화투처럼 운과 실력이 둘 다 중요한 도박이 있다.

화투판에서 돈을 따는 데는 두 가지 변수가 있다. 첫째, 좋은 패를 받는 것이다. 둘째, 게임을 잘하는 것이다. 로또나 파친코는 순전히 확률에 의존하므로 누가 게임을 하든 승패의 확률은 같고 따라서 순전히 그날의 운에 따라 결과가 결정된다. 그러나 화투는 아무리 좋은 패를 받아도, 상대편의 실력에 따라서, 예컨대 4땡을 들고서도 1끗의 뺑카드에 당하기도 한다. 바로 이것이 화투가 인생과 유사한 점이다.

이것을 표로 정리해보자.

	운	실력
도박	내가 받은 카드나 패	이미 받은 카드로 게임하는 능력
인생	가족, 재산, 고향, 학력 등 이미 내게 주어진 환경과 여건	주어진 환경과 여건 속에서 어떻게 살아가느냐

　아무리 좋은 패를 가져도 질 수 있듯이, 아무리 좋은 환경과 여건이 있어도 인생을 망칠 수 있다. 그러니 화투에서 좋은 패보다 더 중요한 것은 패를 운영하는 능력이다. 마찬가지로 인생에서 좋은 환경이나 여건보다 중요한 것은 주어진 환경과 여건을 잘 활용하는 능력이다.

　프로 도박 선수들은 어떤 카드를 받아도 경기를 이어가고 최소한 본전을 남겨서 다음 게임을 노린다. 그들은 한 게임에 일희일비하지 않고 전체적인 승률을 높여나간다. 그러다 간혹 인생 역전의 대박 기회를 맞이하여 천문학적인 금액을 벌기도 한다.

　인생도 마찬가지다. 프로 인생 선수들은 어떤 상황이나 여건에서도 삶을 이어가고 최소한의 희망을 남겨서 다음 기회를 노린다. 그들은 한 번의 승패에 일희일비하지 않고 전체 인생의 득실을 보고 차근차근 평균 승률을 올려간다. 그러다 종종 인생 역전의 기회를 맞으면 여기에 모든 힘과 실력을 걸어 천문학적인 성공을 맛보기도 한다.

　그러니 카드를 탓하지 말고 게임 능력을 높여라. 여건을 탓하지 말고 인생 능력을 높여라.

모든 인생 문제를 간단하게 해결하는 전략

인생사가 복잡하다고들 하지만 사실 별로 복잡할 게 없다. 인생에서 생기는 모든 일은 크게 두 가지로 구분된다.

먼저 다음 표를 보자.

어쩔 수 있는 것	내 맘, 현재와 미래, 인간사, 영업 태도, 삶 등
어쩔 수 없는 것	남의 맘, 과거, 자연현상, 불경기, 죽음 등

우리가 살면서 겪는 모든 일은 '어쩔 수 있는 것'과 '어쩔 수 없는 것'의 두 종류밖에 없다. 예를 들어보자.

남의 맘을 내가 어쩔 수 있을까? 아니다. 어쩔 수 없다. 그런데 왜 자식들이, 남편이, 친구가 내 맘대로 안 된다고 괴로워하는가.

과거를 내가 어쩔 수 있을까? 아니다. 어쩔 수 없다. 그런데 왜 되돌아갈 수도 바꿀 수도 없는 과거를 수없이 후회하고 있는가.

자연재해를 내가 어쩔 수 있을까? 아니다. 어쩔 수 없다. 그런데 왜 이미 닥친 태풍과 가뭄을 탓하며 주저앉아 넋 놓고 있는가.

불경기를 내가 어쩔 수 있을까. 아니다. 어쩔 수 없다. 그런데 왜 경기만 탓하느라 금쪽같은 시간을 헛되이 보내는가.

죽음을 내가 피할 수 있을까? 아니다. 피할 수 없다. 그런데 왜 어차피 때 되면 다 죽을 텐데, 멀쩡히 살아 있는 지금부터 죽음만 생각하면서 미리 죽고 있는가.

반면에 내 맘은 내가 어쩔 수 있을까? 그렇다. 어쩔 수 있다. 그런데 왜 내 맘은 안 고치면서 남의 맘만 고치려고 하고 있는가.

현재와 미래는 내가 어쩔 수 있을까? 그렇다. 어쩔 수 있다. 그런데 왜 과거를 후회하느라 현재를 헛되이 보내고 있는가.

부주의로 인한 사고를 내가 어쩔 수 있을까? 그렇다. 어쩔 수 있다. 그런데 왜 하늘만 원망하면서 대비도 복구도 안 하는가.

영업 태도를 내가 어쩔 수 있을까? 그렇다. 어쩔 수 있다. 그런데 왜 경기만 탓하면서 이런저런 시도도 안 해 보고 그저 남들처럼 파리만 날리는가.

삶을 내가 어쩔 수 있는가? 그렇다. 어쩔 수 있다. 그런데 왜 죽을 걱정에 아플 걱정에, 살아 있는 시간마저도 제대로 못 누리는가.

지혜란 이렇게 어쩔 수 있는 것과 어쩔 수 없는 것을 구분할 줄 아는 능력을 말한다.

실천이란 잘 구분하여 어쩔 수 없는 것은 잊고 어쩔 수 있는 것은 지금 당장 개선하여 꾸준히 유지하는 것이다.

인생사가 아무리 복잡다단해도 이렇게 '지혜'롭게 '실천'한다면 괴로울 게 없다. 사는 게 괴로운 이유는 단 한 가지다. 어쩔 수 없는 것을 잊지 못해 바꾸려고 하고, 반면에 어쩔 수 있는 것은 포기하고 내팽개치기 때문이다.

어쩔 수 없는 것에 집착할수록 어쩔 수 있는 것에 소홀해지고, 그만큼 상황과 조건은 변하지 않고, 삶은 점점 더 나빠지기 마련이다. 그러니 갈수록 더 괴롭다.

구체적인 사례를 하나 들어보자.

'지혜와 실천'을 모르는 우산 장수와 아이스크림 장수가 있었다. 어느 날 비가 왔다. 우산 장수는 기쁘면서도 내일은 날이 맑을까 걱정되어 마음 한구석이 불안했다. 그리고 아이스크림 장수는 비가 온다고 짜증만 낼 뿐 아무 일도 하지 않았다.

다음 날은 하늘이 갰다. 이번에는 우산 장수가 아무 일도 하지 않았고, 아이스크림 장수는 장사가 잘되었지만 날씨가 또 언제 변할지 몰라 어딘가 어두운 표정이었다.

이처럼 '지혜와 실천'을 모르는 이 두 장수는 아무리 상황이 좋아도 가슴 한쪽은 여전히 불안했고, 상황이 나쁘면 당연히 괴로워서 도대체 행복이란 것을 느낄 새가 없었다.

반대로 '지혜와 실천'을 아는 우산 장수와 아이스크림 장수도 있었다. 이 둘은 어땠을까?

그들은 날씨가 안 맞아도 걱정하거나 짜증을 내지 않았다. 날씨는 어쩔 수 없는 것인 줄 알았기 때문이다. 대신 어쩔 수 있는 것에 집중했다. 업종을 날씨에 따라 변경했던 것이다. 그 둘은 우산과 아이스크림을 같이 팔았다. 비가 오면 우산 팔고, 날이 맑으면 아이스크림 팔았다. 그러니 비가 오든 날씨가 맑든 먹고사는 데 걱정이 없었고, 언제나 마음이 편안하고 행복했다.

우리가 불평과 불만에만 빠져 아무것도 안 하는 가장 큰 이유는 바로 '지혜와 실천'을 모르기 때문이다. 장자는 '어쩔 수 없는 것'을 '명命'이라고 하고 어쩔 수 없는 것에 편안해지는 것을 '안명安命'이라고 했다.

삶이란 매 순간 어쩔 수 있는 것과 어쩔 수 없는 것을 구분하여, 어쩔 수 없는 것은 잊어버리고 어쩔 수 있는 것은 온 힘을 집중해서 실천해 나가는 과정이다. 그래서 좋은 삶은 끝없는 구도의 길과도 다르지 않다.

"어쩔 수 없는 것에 안달하지 말고, 어쩔 수 있는 것에 게으르지 말라.”

삶의 전략과 지혜에 관한 촌철활인

— 삶은 길이다. 첫째, 길을 아는 것과 길을 가는 것은 다르다. 그러니 어쨌든 길을 가라. 둘째, 첫머리에서 보는 길과 들어가서 보는 길은 다르다. 그러니 그냥 가보라. 셋째, 가다 보면 언제나 새로운 길이 나온다. 그러니 아직 좌절하지 말라. 넷째, 길은 새로 만들 수도 있다. 그러니 이 길이 맘에 안 들면 새로 만들어라. 다섯째, 종종 뜻밖의 길에서 보물을 찾는다. 그러니 항상 희망을 가져라. 여섯째, 길은 끝이 없다. 그러니 한 방에 인생 끝낼 기대는 하지 말라.

— 권모술수로 일어선 자는 권모술수로 무너진다. 진秦의 기초를 세운 상앙과 진시황을 도운 이사는 한때 황제 다음이었지만 술수가 다하자 상앙은 사지가 찢겼고 이사는 시장에서 처형되었다.

— 위험에 빠져서 용기를 내는 대신, 위험한 일을 애초에 만들지 마라. 굳이 용감해지지 말고 현명하게 살아라. 인생에서 정말 용감해져야 할 일은 그리 많지 않다.

— 모든 것은 일어나기 전까지는 여전하다가 일어나면 갑작스럽다. 그러니 새삼스럽게 너무 당황하지 마라.

— 일중독인 사람은 일이 안 풀릴 때보다 일거리가 없을 때 더 불안하다. 내가 뭔가를 해야만 한다고 믿기 때문이다. 하지만 인생의 성공이란 반은 내가 만들지만 반은 운이 만드는 것. 나는 쉬어도 운은 쉬지 않는다. 그러니 운을 믿고 쉴 때는 쉬어라.

— 모두 변화한다. 누구는 그것에 저항하고, 누구는 그것을 받아들이고, 누구는 그것을 이끈다. 이끄는 사람이 승자가 된다. 그러니 변화를 이끌어라.

— 삶은 로또다. 살다 보면 대박이나 횡재는 종종 의외의 것에서 얻어지곤 한다. 그러니 기대대로 되지 않는다고 너무 꿀꿀해지지 말라. 내일은 새로운 바람이 불고, 인생 로또는 어디서 터질지 모르니까.

— 행복을, 호기심을, 꿈을 따라가라. 그러면 모두 괜찮아지고 좋아질 것이다.

— 잘못된 전략보다 전략의 부재가 더 위험하다. 잘못된 전략은 개선할 수 있지만, 무전략은 개선 자체가 불가능하다.

— 한 번은 실수할 수 있다. 경험이 되니까. 그러나 같은 실수를 두 번 하지는 마라. 그러면 살면 살수록 발전한다.

왜 살아?
삶의 의미를 찾아봐

죽어도 좋다고 하는 것은 또한 살아도 좋은 것이다.
목숨 바칠 거리가 없는 삶은 살 만한 거리도 없다.
그러니 죽도록 열심히 살 거리를 만들어라.

사랑은 삶에서 최고의 의미다

내 어머니는 스물셋 어린 나이에 결혼해서 스물넷에 나를 낳았다. 어렸을 때는 몰랐는데, 어느덧 나도 마흔이 넘고 보니 참 외람되게도 '애가 애를 낳았던 거구나' 하는 생각이 든다.

어머니의 신혼생활은 낭만과는 거리가 멀었다. 살림살이가 팍팍한 시대이기도 했지만, 할아버지가 워낙 완고한 장자 상속제의 신봉자인지라 둘째인 아버지는 스물여덟 살까지 시골에서 농사만 지으시다 결혼 후엔 마치 쫓겨나듯 부산으로 내몰렸기 때문이다.

학력도 중졸이고 기술도 없었던 아버지는 부산의 부둣가에서 등짐 지는 막노동을 하게 되었고, 가까스로 얻은 단칸방이 부부가 가진 것의 전부였다. 어머니의 표현에 의하면 숟가락 하나 없이 살림을 시작했다고 한다.

게다가 당시 분위기상 그저 선 한 번 보고 결혼했던 아버지는 성미가 우락부락했다. 때론 밥상까지 엎어대는지라 어머니는 정을 붙이기가 쉽지 않았고, 생계도 끼니 때우기가 버거울 지경이었다. 심지어 나를 임신했을 때는 급성신염으로 인한 임신중독증으로 일주일간 앞을 못 보고 누워 있어야만 했다. 의사가 약만 먹으면 금방 낫는다고 했는데 그 약값조차 없었던 것이다. 그러다 죽을 고비 끝에 어찌어찌 겨우 나를 낳았다.

'성질 급한 남편과 숟가락 하나 없는 살림… 앞으로 나는 어떻게 살아야 하지?'

고작 스물넷밖에 안 된 신혼댁은 몇 년 동안이나 우울하고 답답하고 좌절했다. 그러다 첫째가 걷기 시작하고 둘째까지 생기자 차츰 희한한 일이 생겼다. 이 조그만 것들이 "엄마"라고 부르며 자꾸 달라붙는 것이 아닌가! 어머니의 마음 한구석에 감동의 물결이 차올랐다.

'나는 아무것도 아닌 사람인데, 이 조그만 것들이 내가 대체 뭐라고 이렇게 달라붙고 좋아할까? 이것들 때문에라도 어떻게든 살아야겠다.'

이런 작은 감동을 원동력 삼아 어머니는 신혼의 어려움을 넘어섰다.

그런데 내가 고3이 되자 어머니의 신장이 다시 문제를 일으켰다. 참고 넘겼던 신장염이 악화되어 이제는 신장이 완전히 망가진 것이다. 어머니는 수시로 응급실을 들락날락했고, 마침내는 복막투석까지 하게 되었다. 복막투석은 배에 구멍을 뚫어 물주머니를 차고서 노폐물을 갈아내는 것이다. 물주머니를 항상 차고 다니며 하루에 4~6번 이상은 갈아줘야 하니 그 불편함과 고통이 이만저만이겠는가.

그런데 고통은 거기서 끝이 아니었다. 아버지도 몇 년째 앓던 류머티즘 관절염으로 온 관절이 퉁퉁 부어서 거동이 불가능해졌다. 대소변까지 받아내야 할 정도였다. 게다가 동생은 가출을 밥 먹듯이 하고 폭력을 일삼는 문제학생이었으며, 나는 재수 끝에 삼수까지 하고 있었다.

그때 어머니의 하루는 이러했다. 새벽 5시에 일어나서 재수하는 큰아들의 도시락 두 개를 싼다. 그 아픈 몸으로도, 오히려 내가 체력이 달릴까봐 부러 소고기 도시락을 싸주곤 하셨다. 그리고 또 다른 중환자인 아버지를 병구완하고 챙긴다.

이것뿐만이 아니다. 아버지는 병환으로 경제력이 없으니 어머니가 약값과 학비와 생활비를 벌기 위해 구멍가게에 하루종일 갇혀, 물주머니를 하루에 대여섯 번씩 갈아가며 장사를 한다. 그러다 밤 12시가 되어야 가게문을 닫는다.

여기서 끝이 아니다. 작은아들이 어디서 무슨 사고를 칠지 몰라 새벽 2~3시까지 택시 타고 이곳저곳으로 찾으러 다녀야 했다. 그래서 엄마의 수면 시간은 서너 시간을 못 넘기기 일쑤였다. 이런 시련이 2년 이상 지속되었다.

어떻게 어머니 같은 중환자가, 그저 숨 쉬고 살아 있기도 힘든 상황에서 아버지의 병구완을 하고, 두세 시간만 자면서 가출한 작은아들을 새벽까지 찾아다니고, 재수하는 큰아들의 도시락을 두 개씩 싸고, 거기에다 가게까지 보며 돈을 벌 수 있었을까? 보통 사람이라면 이 중 하나도 제대로 해내지 못할 것이다.

힘든 시절이 지나고 대학생이 된 어느 날, 나는 어머니에게 도대체 그 고비를 어떻게 넘겼느냐고 물었다. 그러자 어머니는 이렇게 말했다.

"내가 무너지면 이 집안은 다 무너진다. 어떻게든 내가 살아야 두 아들도 남편도 살 수 있다. 무슨 수를 쓰든 아무리 힘들어도 나는 살아야 한다. ― 그땐 이런 생각밖에 안 들었다."

한마디로 그때 어머니는 가족에 대한 사랑으로 버틴 것이다. 가족에 대한 사랑이 이렇게 엄청난 초인적 능력을 발휘하게 한 것이다. 이처럼 사랑의 힘은 크다.

지금 어머니의 나이는 예순다섯이다. 하지만 어머니의 나이는 남들처럼 그저 시간이 지나면서 쉽게 얻은 것이 결코 아니다. 어머니와 같은 병을 앓던 사람들은 이미 거의 대부분 세상을 떠났다. 그러나 어머니는 망가진 신장을 갖고 거의 40년을 살아냈다.

몇 년 전 회갑 축하 모임에서 어머니는 이런 말을 했다.

"처음에는 아이들 대학 보낼 때까지는 살아야지 하다 살게 되었고, 대학 보내고 나니까 결혼시킬 때까지는 살아야지 하다가 살게 되었고, 결혼시키고 나니까 손자 볼 때까지는 살아야지 하다가 살게 되었다. 사는 게 너무 힘들어서 죽고 싶을 때가 너무 많았는데, 벌써 이 정도 살고 보니까 이제는 사는 데까지 살아야지 하고 산다."

어머니의 신장도 지금까지 많은 변화를 겪었다. 물론 계속 안 좋아지는 과정이었지만. 내가 재수할 때까지 어머니는 복막투석을 했고, 재수할 때에는 신장이식을 받았고, 10여 년 전부터는 이틀에 한 번씩 병원에서 그 힘든 혈액 투석을 한다.

지금까지도 투석과 이식의 부작용으로 온갖 수술을 받고 약을 먹으며 힘들게 살고 있지만, 어머니의 가족 사랑은 변함이 없다. 요즘도 류머티즘에 더해 중풍과 위암까지 겪은 아버지를 보살피느라 겨를이 없다.

나는 어머니의 몸이 얼마나 더 버텨낼 수 있을지 잘 모른다. 하지만 어머니의 가족 사랑이 또다시 얼마나 많은 기적을 만들어낼지도 모른다. 어머니가 혼자 좋기만을 바랐다면 결코 오늘날까지 살 수 없었을 것이다. 어머니에게는 사는 것이 죽는 것보다 더 힘들고 고통스러웠기 때문이다. 어머니는 당신 자신보다 가족을 위했기 때문에 지금까지 살수 있었다.

많은 사람들이 내 삶은 나를 위한 것이라고 생각한다. 하지만 그렇게만 생각한다면 삶을 살기가 결코 쉽지 않을 것이다.

삶은 내게 좋을 때도 있고 나쁠 때도 있다. 삶이 나만을 위한 것이라면 나쁠 때에는 왜, 그리고 어떻게 살아야 하겠는가. 나를 위하는 것이 나쁜 일은 아니지만, 삶이란 나를 포함하고 넘어서서 다른 존재까지 사랑할 줄 알 때 비로소 지탱되는 것이다.

"너 이외의 것을 사랑하라. 그러면 네 삶의 의미가 생길 것이다."

그러니 이제 나 이외의 그 무엇이든 사랑할 것을 찾아보라. 한 그루의 나무, 남편, 아내, 지구, 자동차 등등. 그 무엇이든 좋다. 그것이 나를 살리고 초인적인 힘을 주리라.

삶의 의미에 관한 촌철활인

— 미국의 한 아가씨가 뉴욕 센트럴파크에서 매일 조깅을 했는데, 하루는 조깅을 하다가 무장강도를 만나 치명적인 부상을 입었다. 그녀는 바로 혼수상태에 빠졌고, 중환자실로 옮겨졌지만 며칠이 지나도록 깨어나지 못했다. 애만 태우던 부모님은 혹시나 하는 마음으로 그녀가 평소에 신던 조깅화를 깨끗하게 씻어 머리맡에 두었다. 조깅광이었던 그녀가 사고 당일에도 신고 있었던 운동화였다. 그런데 놀랍게도 하루도

지나지 않아서 그녀는 조금씩 깨어나기 시작했고, 마침내는 완쾌되어 퇴원하게 되었다. 조깅에 대한 그녀의 열정이 혼수상태에 빠진 몸을 깨워낸 것이다.

— 이 우주에는 두 가지 자유, 곧 신의 자유와 인간의 자유가 있다. 신의 자유는 무엇이든 원하는 대로 바꿀 능력이다. 인간의 자유는 바꿀 수 없는 조건 속에서 자신의 태도를 결정하는 능력이다. 신의 자유도 인간의 자유를 침범할 수는 없다. 신이 만든 비극적 운명을 영웅적 태도로 극복하는 것이 바로 인간의 자유이며, 그 모델들이 바로 신화의 영웅들이다. 그리스 비극은 신도 어쩌지 못한 인간의 자유에 관한 이야기이며, 바로 여기에 인간의 존엄성이 있다. 삶이란 이런 인간의 자유가 펼쳐지는 이야기이며, 세상이란 이런 인간의 자유가 펼쳐지는 무대이다. 신은 세상이라는 무대와 비극이라는 조건을 창조하고, 인간은 그 안에서 자신의 자유를 시험하고 실현한다. 바로 여기에 삶의 의미가 있다.

— 삶에는 그 이상의 목적이 없다. 우리는 하느님, 부처님, 성공, 출세, 국가를 위해서가 아니라 그저 살기 위해 살 뿐이다. 하지만 또한 목적이 없는 삶은 과녁 잃은 화살처럼 부질없다. 그래서 삶에는 또한 목적이 필요하다. 결국 이상적인 삶이란 눈먼 추구와 목적지 없는 표류의 중간에 있는 것이다. 눈먼 광기에 휘둘리지도 않고 목적 없는 허무함에 짓눌리지도 않으면서 내 삶의 의미를 주체적으로 찾아 꿋꿋이 살아나가는 것, 이것이 참된 삶이다.

— 뭘 해서 먹고살 것인가보다 무얼 위해 살 것인가가 더 중요하다. 먹고살 방법이 없더라도 살 이유가 있는 이는 반드시 살아남는다.

— 삶의 최고 과제는 단 두 개다. 살아야 할 이유를 찾는 것과 그것을 실천하는 것. 뜻을 세우고 실현하는 것이 최상의 삶이다.

— 세상이 아무리 부조리해도 그에 대한 나의 선의善意는 결코 부조리하지 않다. 세상을 구원하는 것은 세상 자체가 아니라 세상에 대한 나의 선의다. 내 내면의 성실성이 나와 세상을 구원한다. 구원은 바깥세상이 아니라 내 안에 있다. 이것이 실존이다.

— 네가 삶에 바라는 것보다 삶이 네게 바라는 것이 더 중요하다. 삶에 거는 모든 기대가 무너졌을 때도 삶이 네게 거는 기대는 여전하다. 그러니 어쨌든 살아가라. 삶이 주는 최고의 보상은 성공이 아니라 삶그 자체다.

— 세상은 천국이 아니다. 우리는 문제를 경험하기 위해 이 세상에 왔다. 유토피아utopia는 u(not)+topia(existence)를 의미한다. 결국 "여기에는 없다"는 뜻이다. 우리는 문제를 없애는 것이 아니라 문제 그 자체를 경험하기 위해 여기에 왔다.

— 선을 행하는 이유는 그로 인한 보답 때문이 아니라 기쁨 때문이다. 만일 선을 행하는데도 기쁘지 않다면 자신을 돌아보라. 혹 보상이나 보답을 바라고 있지 않은지. 보상을 바라지 않고 선을 행할 때의 담담한 기쁨은 그 무엇으로도 대신할 수 없는 마약이다.

— 세상의 선을 보며 세상이 그래도 살 만한 곳임을 깨닫자. 세상의 악을 보며 이곳이 천국이 아님을, 그래서 삶과 세상이 무상한 것임을 깨닫자.

— 행복을 좇아라. 의문을 좇아라. 직관을 좇아라.

— 살고자 하는 불타는 열망이 어떤 병도 낫게 할 것이다. 성공하고자 하는 불타는 열망이 어떤 악조건도 극복하게 할 것이다. 그러니 무엇이든 성취하고 싶다면 열망을 불태워라. 열망과 삶을 불태우고, 불태우고, 불태워라.

좋은 그림 그리기야, 창의성 있게 살아봐

게임에서 승리하는 법은 두 가지가 있다.
룰 안에서 상대를 이기거나 내가 이기도록 룰을 바꾸는 것이다.
스티브 잡스는 룰을 바꿨다. 룰을 바꿔서 이겨야 진짜 대박이다.

창의성에 관한 촌철활인

— 일급 호텔들은 서로 뒤지지 않으려 몇 년마다 엄청난 돈을 들여 리모델링한다. 그 결과 다 비슷해진다. 출판사 편집진은 새 원고 받으면 팔리도록 유행과 관행에 맞춰 재편집한다. 그 결과 엇비슷한 책만 양산한다. 이렇게 창의성이 없으면 실컷 시간과 돈 들이고도 서로 고만고만해져서 갈수록 먹고살기 힘겨워진다. "너답게 살지 못하니 갈수록 힘든 거야!"

— 어느 날 아침에 지하철을 타고 출근하는데 문득 '인생 문제와 학교 공부의 차이가 뭘까' 하는 생각이 들었다.

시험문제: 보통 객관식이다. 보기에 답이 있다. 선생이 있다.

인생문제: 보통 주관식이다. 보기에 답이 없을 수도 있다. 선생이 없거나 있어도 찾기 힘들다.

대부분의 사람들이 인생살이가 힘든 이유는 인생문제를 시험문제 풀듯 하기 때문이다. 그래서 종종 문제아가 사회에서 성공하는 법이다. 문제아는 일찍이 학교에서부터 인생문제를 풀어왔기 때문에 인생살이가 쉽고 재밌기 마련이다.

— 근면성이란 주어진 길을 열심히 가는 것이고, 창의성이란 새로운 길을 만드는 것이다. 웬만하면 근면성만으로도 먹고는 살지만, 때때로 근면성만 너무 지나치면 골병이 들기도 한다.

— "나는 왜 이렇게 창의적일까?" 아내가 말했다. "먹고사는 데 관심이 없으니까 그렇지."

— 뉴턴이 만유인력 배운 것 아니고, 아인슈타인이 상대성이론 배운 것 아니고, 잡스가 아이패드 만드는 법 배운 것 아니다. 최고의 지식은 배울 수 있는 게 아니다. 그들의 최고의 스승은 의문과 호기심이었고, 이것이 창의성의 원천이었다.

— 인생의 가장 큰 수확은 종종 뜻하지 않은 곳에서 얻기 마련이다. 그러니 마음을 열고 호기심과 의문을 좇아가라.

— 나는 직간접적으로 창의적인 사람들을 많이 만나봤지만 나만큼 창의적인 사람도 드물었다. 그 이유가 뭘까? 아마도 부모님 덕이 아니었을까.

첫째로, 아버지는 중졸이고 어머니는 국졸이라 내게 전혀 가르쳐줄 것이 없었다. 실제로 별로 가르치지도 않았다. 그러다 보니 본의 아니게 자수성가가 아닌 자수성학自手成學하게 되어 저절로 창의적일 수밖에 없었다.

둘째로, 어려서부터 가난한지라 장난감도 책도 없었다. 그래서 단순한 장난감을 상상력을 동원하여 온갖 변신 로봇인 듯 갖고 놀다 보니 창의력이 장난 아니게 늘어버렸다. 인간은 주어진 것이 없으면 상상으로라도 만들어내기 마련이니까.

그러니 환경 안 좋다고 탓하지 말고 있는 환경이나 제대로 활용해라.

3

"
또
이런 것들은
어떻게 하죠?
"

말을 해도 안 통해서 답답해요, 대화를 어떻게 하죠?

한마디 말이 천 냥 빚을 갚는다.
반대로 한마디 말이 불구대천의 원수를 만든다.

뿌린 대로 거둔다

어느 날 충남의 어느 시골에서 온 가족이 가족 불화로 상담받으러 왔다. 50대의 아버지와 어머니, 30대 전후의 두 아들, 큰아들의 아내, 젖먹이 손녀까지 총 여섯 식구가 내 상담실에 총출동했다.

온 가족을 모아놓고 자초지종을 들어보니, 어머니가 7년간 우울증을 앓다가 나았는데 그 후로 가족들을 너무 심하게 닦달하기 시작했다고 한다.

반대로 어머니는 가족들이 아무도 자신의 말을 듣지 않는다며 온갖 성화를 다 부렸고 떠나갈 듯 큰 목소리로 계속 같은 말을 반복했다. 마치 강호동처럼 드센 말투로 "내 말을 도대체 듣질 않는다"며 화내고 역정 부리는 모습을 상상하면 비슷할 것이다.

상황을 보니 어떤 설득과 회유도 통하지 않는 어머니 때문에 이제는 아버지가 우울증 증세를 보이고 있었고, 자식들도 화병이 날 지경이었다. 가족들과 어머니 사이에 대화 자체가 불가능했다.

　나는 그래도 일단 가족 간의 소통이 중요할 것 같아 한 명씩 돌아가면서 대화를 시켜보았다. 하지만 한 시간이 훨씬 넘도록 서로 남 탓하기에 바빴고 전혀 마음이 열릴 기미가 보이지 않았다. 그러다 결정적인 기회가 왔다.

"(어머니) 내가 사업을 그렇게 하면 안 되고, 거래처에 인사치레를 잘하라고 그렇게 시켰는데 결국은 내 말을 또 안 들었어요. 이렇게 내 말을 죽어라 안 듣는다니까."

"(아들) 좋은 말로 듣기 좋게 하면 되는데, 엄마는 진절머리가 나도록 같은 말을 반복하고 소리를 지르잖아요."

"(어머니) 그러는 너는? 내가 말만 하면 무조건 귀를 막고서 나한테 고함을 치고 결국은 안 하잖아!"

그때 내가 대화에 끼어들었다.

"(어머니에게) 그런데 큰아드님의 말투와 목소리는 누구 닮았죠?"

"(잠시 생각하다) 그야 나를 닮았죠."

"그럼 엄마에게 배운 말투대로 엄마와 대화하는 게 잘못된 건가요? 엄마 아들이 엄마 닮은 게 뭐가 문제인가요?"

"(어안이 벙벙한 표정으로)……."

이 결정적인 한마디를 듣는 순간, 어머니는 무조건 다른 가족을 탓하기보다는 스스로 먼저 변화할 필요가 있다는 사실을 깨달았다. 그 즉시 가족의 분위기는 화기애애해졌다. 몇 년간 극으로만 치달았던 갈등이 이렇게 두 시간 정도의 상담만으로 해소되었다.

폭력 대화

혼돈(나의 호※)이 온 세상에 확언과 EFT를 너무 열심히 퍼뜨린 결과 2020년이 되자 전 국민과 전 세계가 모두 웃음 지으면서 행복하게 살게 되었다. 이렇게 되자 한동안은 정말 편안하고 살 만했지만 얼마 안가 사람들이 슬슬 싫증을 내기 시작했다. 모든 사람이 인생이란 마치 악역도 대결 구도도 갈등도 없이 뻔한 결말의 해피엔딩 영화, 초딩도 유치하다고 보지 않는 영화 정도로만 느꼈다.

이에 사람들이 너무나 행복한 세상과 인생에 도리어 넌덜머리를 내자 혼돈은 심각한 책임감을 느끼기 시작했다.

'도대체 내가 뭘 잘못했다고 세상이 이렇게 지루하게 평화로워진 거야. 도대체 왜?'

이렇게 머리를 쥐어뜯으며 외치는 순간 갑자기 손이 움직이면서 글이 나오기 시작했다.

"악마와 나눈 이야기(Conversation with Devil)"

두둥, 이 글은 이렇게 시작된다! 미리 강조하건대 이 글은《신과 나눈 이야기》(Conversation with God)라는 책과 절대로 아무런 관련이 없음을 밝힌다. 네버, 절대로!

혼돈의 손을 움직인 정체불명의 힘은 스스로를 악마라고 일컬었다.

그것도 잡스러운 악마가 아니라 이 세상 유일의 절대 악마, 즉 유일마唯
一魔였다.

이 악마께서는 혼돈에게 세상을 한 방에 100퍼센트 확실히 도탄에
빠뜨릴 비책을 전수한다. 다음이 그 비책의 일부분으로 일명 '폭력 대
화법'이라고 한다.

1. 구체적인 건수를 잡을 때마다 항상 일반론으로 말하라.
   예) 너는 항상 그렇더라 / 너는 왜 하는 일마다 그 모양이냐 / 너는 맨날 떠들더라 / 네가 실
   수한 게 어디 한두 번이냐

2. 불평과 불만을 모호하게 말하라. 절대로 구체적으로 말하면 안 된
   다. 그래야 눈치만 보고 못 고치니까.
   예) 그게 좀 그렇잖아 / 좀 그렇지 뭐 / 거시기하네 / 그냥 그래

3. 항상 지적하고 비판하고 비난하라. 이때 약한 맘으로 절대로 칭
   찬과 인정을 섞어서는 안 된다. 칭찬과 인정은 비판과 지적의 따끔함을
   반감시키기 때문이다.
   예) 딴건 몰라도 그것은 안 좋아 / 너는 바로 그게 문제야 / 너는 그것 땜에 안 돼

4. 무조건 우겨라. 이때 절대로 경청해서는 안 된다. 경청은 우기기
   의 효과를 반감시킨다.
   예) 몰라 몰라 어쨌든 내가 맞아 / 여편네가 왜 남편 하는 일에 끼어들어 / 애들이 왜 부모에
   게 대들어 / 전통이니까 무조건 해야 해

5. 토론할 때 상대에게 나의 약점을 물렸을 때는 합리적으로 설득하기보다는 상대의 약점을 무조건 같이 물고 늘어져라. 이렇게 이전투구(진흙밭의 개싸움)를 만들어서 똑같은 놈들이 되면 최소한 무승부는 될 수 있다. 정치인들 토론이 보통 이런 식이다. 부부끼리 대화를 이런 식으로 하면 정떨어져서 반드시 이혼하거나 그에 준하는 상태로 갈 수 있다. 정 떼고 싶을 때 정말 좋은 대화법이다.

예) 그건 그런데 당신도 말이야, 그때 그랬잖아 / 나만 그랬어? 당신도 그때 거짓말했잖아

6. 책임질 일이 생기면 반드시 주변 탓, 남 탓하라. 이때 절대로 내 책임을 인정해서 효과를 반감시키지 말라.

예) 교사 : 학생이 학습부적응이네요 / 엄마 : 당신 닮아서 공부를 안 하잖아 / 대통령 : 일부 불순한 세력들 때문에 / 여당 : 민주주의를 흔드는 야당 때문에 / 의사 : 원래 불치병이에요

7. 되도록 부정적으로 표현하라. 이때 절대로 긍정적인 표현으로 분위기 반감시키지 말라.

예) (면접 보러 가는 아들에게) : 그런데 혹시 가다가 차가 펑크라도 나면 어떡하니? / (사업 시작하는 사람에게) : 요즘 경기가 안 좋다는데 잘되겠니? / (점쟁이들의 레퍼토리) : ~하거나 ~에 가면 안 좋아

8. 무조건 명령조로 말하라. 절대로 부탁하거나 권유하지 말라.

예) (교사) : 쓸데없는 생각 말고 공부나 해 / (부모) : 그냥 밥이나 먹고 잠이나 자 / (의사) : 그냥 내가 시키는 대로 해요. 내가 전문가지 당신이 전문가예요? / (대통령) : 미국 소는 안전하니까 그냥 먹어. 내가 말했잖아, 천안함 침몰은 절대로 북한 소행이라고. 그냥 그렇게 들어.

악마께서 장담하시건대 온 세상이 폭력 대화를 할 때 이 세상은 바로 나락으로 떨어지고 지상 지옥이 도래할 것이다. 그러니 이 세상을 지옥으로 만들고 싶은 악의 세력들은 지금부터 당장 폭력 대화를 실천하라. 이제 그 실천 강령을 다음과 같이 선포한다.

1. 가정에서 폭력 대화를 즉각 실천하라. 곧 결손 가정이나 지짐 쪼가리 또는 콩가루 집안이 될 것이다.
2. 학교에서 폭력 대화를 즉각 실천하라. 곧 비행 청소년과 학습장애 학생과 폭력 교사들이 속출할 것이다.
3. 회사나 집단에서 폭력 대화를 즉각 실천하라. 곧 회사가 망하거나 대규모 인원이 정리해고되거나 불량품이 속출하면서 어느 조직이든 1년 안에 결딴 날 것이다.
4. 국가에서 폭력 대화를 즉각 실천하라. 이 부분에 관한 한 2012년 현재 새누리당과 조중동과 대통령께서 정말 탁월하게 잘하고 계시기 때문에 나 유일 악마가 더 이상 할 말이 없을 정도로 한국은 탁월하다. 전 세계가 이런 한국인의 모범을 본받아야 한다. 조만간에 4대강은 다 시멘트 싸 발린 청계천으로 되살아나고, 경제는 IMF 수준으로 털썩 좋아지고, 떡검이 사회정의를 확실하게 실천하고, 친일파들은 공적을 확실히 자랑하게 되고, 국민의 10퍼센트는 세금 안 내고 확실히 잘살게 되고, 나머지 90퍼센트는 찍소리 안 하고 시키는 대로 잘살게 될 것이다.

참고로 다음은 '폭력 대화 점검표'다. 위에 써놓은 폭력 대화의 여덟 항목 중에서 지금 나의 대화는 몇 개에 해당하는지 확인해보라.

4개 미만 ─ 보통 사람이며, 아직 많이 분발해야 한다.

5개 ─ 데이비드 호킨스 박사의 측정법에 따른 의식 수준으로는 1,000점의 만점 기준으로 100점 이상 150점 이하의 수준에 해당하며, 일명 '투덜이 스머프'라고 한다.

6개 ─ 의식 수준이 100 미만으로 상당한 내공이 있다. 대기업 하나쯤은 한 달 안에 거덜 낼 수 있는 내공을 지닌 상태다.

7개 ─ 폭력 대화에 관한 한 깨달음을 얻은 수준이다. 아직 유일마^{에-롯}와 완전히 합일하진 못한 상태지만 1년 안에 한 나라를 산산이 깰 수 있는 극강의 내공을 갖고 있다.

8개 ─ 절대 악마의 상태로서 어디에 있든 전 세계를 단번에 바로 결딴 낼 수 있는 수준이다. 유일마와 완전히 합일한 상태다.

경고하건대 반드시 절대로 확언과 EFT를 하지 말지어다. 확언과 EFT는 폭력 대화의 힘과 폭력 대화에 대한 열망을 일거에 꺾는 효과가 있으므로, 세상을 도탄에 빠뜨리고 싶다면 어떤 일이 있어도 확언과 EFT는 절대로 금해야 한다.

왜 열심히 해도 돈이 없죠?
어떡하면 부자가 되죠?

~~~

장자가 말했다. "쓸모없는 게 쓸모 있다."
내가 말한다. "돈 안 되는 게 돈이 된다."

돈은 마음이다

많은 사람들이 돈에 관해 한마디씩 하는데, 누구도 거부할 수 없는 돈의 진실이 있다.

1. 돈에는 발이 없다. 곧 스스로 움직이지 못한다.
2. 돈을 움직이는 것은 사람이다.
3. 사람을 움직이는 것은 마음이다.
4. 고로 내 마음대로 돈은 움직인다.

따라서 돈이 안 들어오는 것이 아니다. 내 마음이 돈을 막거나 돈을 흘려보내는 것이다. 돈을 탓하기는 쉽다. 하지만 그런다고 돈이 들어오진 않는다. 그러니 돈을 탓할 것인가, 아니면 내 마음을 탓할 것인가. 아니면 둘 다 탓하기를 그만두고 그냥 돈 되는 마음으로 바꿀 것인가.

어느 생각을 선택하든 자유지만 그 결과는 필연이다. '뛰어내리겠다'는 생각을 선택하는 것은 자유지만 그 뒤에 떨어져서 다치는 것은 필연이다. 떨어지는 것이 싫으면 중력을 탓하지 말고 내 결정을 바꿔라.

돈에 관한 또 다른 진실을 살펴보자.

1. 돈은 뇌가 없다. 돈은 스스로 생각하지 않는다. 돈에는 액수만 적혀 있을 뿐 어떤 다른 것도 적혀 있지 않다.

2. 고로 돈에 관한 모든 생각은 돈의 속성이 아니다. "돈은 만악萬惡의 근원이다." "돈 버는 것은 힘들다." "땅 파봐라, 돈이 나오나?" 이런 생각들이 돈에 관한 진실로 여겨지지만 사실 돈은 액면가 이외에 어떤 속성도 갖고 있지 않다.

3. 그러니 돈은 우리의 신념이 비치는 스크린이다. 우리는 돈에 우리의 생각과 판단과 신념을 투사한다. 돈에 관한 진실은 돈의 것이 아니라 우리의 것이며, 우리가 돈에 거는 기대일 뿐이다. 우리는 돈이 그렇다고 생각하지만 사실은 돈에 관한 우리의 생각이 그러할 뿐이다.

4. 결국 돈은 내 마음과 의식의 반영이다. 내가 버는 돈의 액수는 돈에 관련한 플러스(+) 생각과 마이너스(-) 생각이 합산된 결과일 뿐이다. 그러니 돈을 탓할 것인가, 나의 의식을 탓할 것인가.

그런데 돈에 관한 생각을 바꾸는 게 어디 쉽냐고? 그런 생각을 선택하는 것도 자유다. 하지만 그 결과는 필연이다.

무심코 생각나는 대로 살면 사는 대로 생각하다가 결국은 되는대로 살게 되는 수가 생긴다. 그러니 EFT로 (돈을 막는) 마이너스 생각을 지우고 확언으로 (돈을 부르는) 플러스 생각을 다시 써라. 적자 재정이 흑자

재정으로 바뀔 것이다. 내 마음이 흑자가 되는 만큼 내 가계도 흑자가 될 것이다.

돈도 벌고, 마음의 평화도 얻고, 임도 보고 뽕도 따고, 일거양득 일석이조가 아닌가! 세상에 이렇게 크게 남는 장사가 있을까? EFT와 확언은 언제 어디서나 남는 장사다.

"나쁜 일 하지 않아도 돈 벌 수 있다.(You can make money without doing evil.)"

이 말은 구글의 사훈이라고 한다. 구글은 돈에 관해 이렇게 생각하니까 이렇게 번다. 우리나라에도 이런 멋진 사훈을 가진 회사가 생겼으면 좋겠는데, 아직 없는 것 같아서 내가 하나 만들려고 한다.

이 말을 아래와 같이 다양한 확언으로 바꾸어보았다.

— 좋은 일 하면서 얼마든지 벌 수 있다.
— 놀아 젖히면서 얼마든지 벌 수 있다.
— 좋아하는 일 하면서 얼마든지 벌 수 있다.
— 숨만 쉬어도 얼마든지 벌 수 있다.
— 활짝 웃기만 해도 얼마든지 벌 수 있다.

이렇게까지 말해도 많은 사람들은 돈이 마음의 반영임을 쉽게 믿지 않을 것이다. 나는 만 5년이 넘도록 수천 명에게 EFT와 확언을 가르쳤고, 그중에는 경제적 어려움을 호소하는 사람들도 참 많았다. 그런데 그들이 EFT와 확언을 꾸준히 하면서 내게 보여주는 결과들은 참 놀라

왔다. "매출이 두 배가 되었어요." "취직이 되었어요." "승진이 되었어요." "뜻밖에 집이 팔렸어요." "부도 위기에 있던 사업이 되살아나고 있어요" 등등.

이와 관련해서 한 한의사는 다음과 같은 경험담을 들려주었다.

"제가 예전에 EFT 강의를 들었어요. 당시는 제 인생의 암흑기였어요. 빚이 몇 장인지 가진 게 몇 푼인지 차마 말할 수도 없을 정도였습니다. 카드사에 제2금융권에 심지어 사채까지… 브로커 끼고 겨우 대출 얻어서 지금의 한의원을 열었습니다.

하루에 20만 원 벌면 행복했던 시절이었고, 날마다 EFT 하고 확언하며 출퇴근했습니다. "하루에 환자 150명에 한약 열다섯 제"를 입에 줄줄 달고 다녔죠. 그 정도 해야 빚을 갚을 희망이 있었으니까요.

그런데 진짜 개업하고 석 달 만에 매출을 5천만 원으로 올렸네요. 8천만 원까지 될 때도 있었고요. 이후 있었던 몇 가지 행운으로 이젠 빚도 다 갚았어요. 한동안 안 하다가 요즘 들어 다시 EFT 시작합니다."

돈과 부에 관한 촌철활인

세상은 돈이 흐르는 강인데 당신은 얼마나 가져가고 있는가

자, 이제 여러분도 EFT로 돈의 장애물을 지우고 확언으로 돈의 통로를 넓혀보자. 소리를 내어 따라 읽는 편이 좋지만, 상황이 불편하다면 속으로라도 음미하며 읽으라. 반드시 손날 타점을 톡톡톡 두드리면서 읽어야 원하는 결과를 얻을 수 있다.

문제를 인정하고 받아들이기

- 나는 돈과는 거리가 멀고 돈 벌 팔자가 안 된다고 생각하지만, 마음속 깊이 진심으로 나를 받아들입니다.
- 나는 돈을 잘 모른다고 생각하지만, 마음속 깊이 진심으로 나를 받아들입니다.
- 나는 돈이 만악(萬惡)의 근원이라고 생각하지만, 그럼 똥구멍이 찢어지게 가난한 사람은 모두 천사인가. 어쨌든 깊이 진심으로 이런 나도 믿고 받아들입니다. (참고로, 이 확언들 이외에도 내가 돈과 관련해 자주 하는 생각들을 죽 적어두고 EFT로 지워보라.)

마음 풀기

- 나는 돈 벌 팔자가 안 돼. 난 운이 없어. 난 유산도 없어. 나는 이런 온갖 돈 안 되는 생각만 하면서 돈을 바란다. 그런데 돈 안 되는 생각은 돈 안 된다. 또 온갖 돈 걱정을 다 한다. 왜 나는 돈이 없을까? 남들은 왜 나보다 잘 벌까?
- 그런데 공부 걱정하는 학생은 많아도 공부 잘하는 학생은 드물다. 마찬가지로 세상에 돈 걱정하는 사람은 많지만 돈 버는 사람은 드물다. 공부 걱정으로 성적 오르지 않듯, 돈 걱정으로 돈 들어오지 않는다. 돈은 걱정한다고 들어오는 게 아니라 믿고 실천할 때 들어온다.

확언하기

- 나는 돈을 좋아하고 돈도 나를 좋아한다.
- 내가 잘 쓴 돈은 두 배가 되어 돌아온다.
- 돈을 버는 것은 즐겁고 쉽고 재미있다.

— 없이 살 줄 알면 있으면 고맙고 없어도 살 만하다. 그러니 없이 살 줄 알라.

— 부자가 되려면 먼저 궁핍이 무엇인지 경험해야 한다. 공기의 소중함은 숨 막혀봐야 알 듯이 돈에 대한 열망도 궁핍해져야 생기기 때문이다. 지금 궁핍하다면 돈에 대한 열망을 키울 소중한 기회다.

— 모두가 가난을 싫어한다. 하지만 가난은 사실 가장 풍요로운 경험이다. 단 빠져나온다는 것을 전제로. 그래서 가난도 가난에서 벗어나는 경험도 모두 소중하다.

— 자랑할 만큼 돈이 있으면 좋다. 하지만 돈밖에 자랑할 게 없다면 부끄럽다.

— 돈이란 쓰고 남으면 자랑하는 데 쓰이기 마련이다. 그런데 쓰임새보다는 자랑질에 드는 돈이 어마하게 크다. 그래서 아무리 부자라도 돈 자랑질에 맛 들이면 망하는 것은 시간문제다. 그러니 돈 자랑 마라.

— 진정한 부는 소유물의 양이 아니라 경험의 양이다. 사랑도, 아름다움도, 통찰도 경험하지 못한 백만장자 수전노를 진정한 부자라고 할 수는 없다.

— 돈이란 어렵게 벌면 집착하고, 쉽게 벌면 허망하고, 악착같이 벌면 독종 된다. 반대로 뜻있게 벌면 보람 있고, 재밌게 벌면 신나고, 더불어 벌면 행복해진다.

— 무소유란 가지지 않는 것보다는 가져도 집착이 없는 것을 말한다. 카네기는 "부자로 죽는 것보다 불명예는 없다"는 말을 하면서 재산의 대부분을 죽기 전에 다 기부했다. 그러니 집착 없이 잘 벌고 집착 없이 잘 써라.

— 공자가 말했다. "가난해도 예를 알면 좋다. 하지만 부유한 데다 예

까지 알면 더 좋다." 그러니 예를 아는 부자가 돼라.

— 부자는 망해도 3년은 간다. 하지만 3대 세습하면 반드시 망한다. 부는 세습할 수 있지만, 부를 이루는 능력은 세습할 수 없기 때문이다.

— 돈벌이의 역설. 돈 되는 게 아니라 좋아하는 걸 해야 돈을 번다는 것을 알 때까지 돈은 안 들어온다.

— 돈 벌려고 하면 돈 될 것만 하게 된다. 그런데 돈은 종종 돈 안 돼 보이던 것에서 벌리기 마련이다. 그래서 결국 돈 벌려고 하면 돈 못 버는 역설에 빠진다. 그러니 그저 좋아하는 것을 하라. 그리고 그것이 돈이 될 거라고 믿어라.

왜 배워야 해요?
어떻게 공부해요?

~~~

누구도 더 배우지 않아도 될 만큼 현명하지는 못하다.
그러니 겸손하게 꾸준히 죽을 때까지 배워라.

어떤 문제든 공부하면 답이 나온다

일찍이 유학의 대가인 순자는 이렇게 말했다.

「군자는 배움은 쉴 수 없다고 말한다. 푸른색은 쪽풀에서 나지만 더 파랗고, 얼음은 물이 바뀐 것이지만 더 차다. 먹줄에 맞는 곧은 나무도 굽혀서 바퀴를 만들면 굽은 자에 맞게 된다. 바짝 말려도 다시 펴지지 않는 것은 이미 굽혀서 길들였기 때문이다. 나무는 먹줄에 맞추면 곧아지고 쇠는 숫돌에 갈면 날카로워진다. 마찬가지로 군자도 널리 배우고 날마다 반성하면 지혜가 밝아지고 행동에 실수가 없어진다.

높은 산에 올라보아야 하늘이 높은 줄 알고, 깊은 골짜기에 가보아야 땅의 두터움을 안다. 마찬가지로 옛사람들의 지혜로운 말을 듣지 않으면 배움의 위대함을 알지 못한다. 이국의 오랑캐 자식들도 태어났을 때는 모두 같은 소리로 울지만, 자라면서 문화가 다른 것은 교육에 의한 것이다.

　나는 일찍이 하루종일 생각해본 일이 있었으나 잠깐 동안 배우는 것만 못하였다. 나는 일찍이 발돋움하고 바라본 일이 있었으나 높은 곳에 올라가 널리 바라보는 것만 못하였다. 높이 올라가 손짓을 하면 팔이 더 길어지는 것은 아니지만 멀리서도 보이며, 바람을 따라 소리치면 소리가 더 커지는 것은 아니지만 잘 들린다. 수레와 말을 타면 발이 더 빨라지는 것은 아니지만 천 리 길을 갈 수 있으며, 배와 노를 이용하면 물에 익숙지 않더라도 강을 건널 수 있다. 이렇게 군자는 날 때부터 남들과 달랐던 것이 아니라, 배움으로 사물을 잘 이용할 줄 알게 된 것이다.」

　핸드폰은 2~3년마다 바꾸고 자동차는 5년 정도면 바꾸고 가전제품도 10년이면 바꾸고 집도 20년이 지나면 리모델링하는데, 평생 업그레이드도 리모델링도 하지 않고 쓰는 것이 있다. 바로 우리의 마음이다. 세상은 강물이 흘러가듯 어느새 나도 모르게 새로이 흘러가는데 내 마음은 바뀌지 않는다. 그러니 내 마음과 세상이 충돌을 일으킨다.

　묵은 마음으로 어떻게 새 세상을 살 것인가. 묵은 마음으로 하루종일 고민한다고 답이 나오는가.

　세상에는 천재들이 이미 만들어놓은 수많은 해결책이 있다. 나는 천재가 아니어도 그들의 책을 읽을 수는 있다. 거인들의 어깨 위로 올라가면 더 크고 높은 세상을 볼 수 있듯, 공부하면 천재들의 머리 위에서 수많은 해결책과 답을 더 많이 볼 수 있다. 그러니 혼자서 고민하지 말고 공부하라.

　장사가 안 되는가. 마케팅에 관해서 공부하라.《포지셔닝》이라는 좋은 책이 있다.

대화에서 설득력이 부족한가. 대화법에 관해서 공부하라. 데일 카네기의《인간관계론》이라는 좋은 책이 있다.

협상을 잘 못하는가. 협상 기술에 관해서 공부하라.《협상의 법칙》이라는 좋은 책이 있다.

돈을 잘 못 버는가. 나폴레온 힐의《생각해서 부자가 되어라》라는 좋은 책이 있다.

이 세상에는 수천만 권 이상의 책이 있고, 내가 고민하는 모든 것에 대한 해결책을 이미 누군가는 책으로 써놓았다. 그러니 고민만 하지 말고 공부하라.

공부란 나를 깨고 넓히는 것이다

많은 사람들은 기존의 신념을 강화시키기 위해 책을 읽는다. 그래서 보수적인 사람들은 조중동만 읽으며 이미 고인이 된 김대중과 노무현과 더불어 김일성과 김정일에게 온갖 적개심을 매일 새삼스럽게 불러일으켜 쏟아붓는다. 그들에게는 세상이 어떻게 돌아가든 이렇게 된 모든 원인은 김대중, 노무현, 김일성과 김정일 탓이다. 반대로 일부의 진보주의자들은 이 모든 게 모두 조중동과 새누리당 때문이라고 생각하고 자기들만이 선善이라고 생각한다.

그래서 각자 구미에만 맞는 사람들과 만나 그들만의 당을 만들어 그들만의 선과 그들만의 신념을 추구한다. 세상이 어떻게 바뀌든 그들의 신념이 바뀌는 법은 없다.

골수 근본주의 종교인들도 그들만의 교리를 만들고, 그들만의 교리 해설서를 읽고, 그들만의 교파를 만든다. 온 세상이 틀렸고 자기들만이 옳다고 주장하며, 그들과 반대되는 생각과 책은 절대로 듣지도 읽지도 않는다. 이것이 그들의 옳음이 유지되는 방식이다.

의사들은 또 어떤가. 정통 의학에 반대되는 방식으로 자신의 환자가 나아도 절대로 그것을 인정하지 않는다. 그들은 그들만의 방식으로 치료되어야 한다는 신념을 바탕으로, 그 외의 방식으로 병이 호전되는 일은 위험하고, 불가능하고, 절대로 있어서는 안 된다는 주장을 논문으로 써서 그럴듯하게 발표한다.

그럼 그들 방식으로 치료 못할 때의 결론은 무엇인가? '불치병'이다. 그들은 자신이 불치병이라고 선언한 환자를 다른 누군가가 새로운 방식으로 치료해내는 현실을 절대로 인정하거나 믿을 수가 없다. 그래서 그들은 끊임없이 자신들의 옳음을 증명하며 다른 방식이 절대적으로 틀렸다고 주장하는 논문을 만들고, 읽고, 돌려본다.

서양의학은 이제 학문보다는 종교에 가깝다. 왜냐하면 과학이란 기존 이론의 오류를 찾아서 나아지고자 하는 학문이고, 반면에 종교는 기존 이론의 옳음을 고수하려는 체계이기 때문이다.

그럼 나는 어떤가. 나는 깨지기 위해서 책을 읽는다. 나는 기존의 내 생각이 틀렸음을 발견할 때 가장 기쁘다. 그래서 내 평생은 한마디로 끊임없이 깨지는 과정이었다. 한의학을 공부하다 면역학과 생물학 등을 공부하면서 한의학의 독단에서 깨어났고, 다시 심신의학을 공부하면서 유물론적인 서양의학의 한계를 벗었다. 노장사상에 심취하면서도 논리학을 공부하여 노장의 논리적 애매성을 벗었고, 영문학을 공부하면서 한의학과 한학의 동양적 한계성을 벗었다. 현재에만 묶인 나의 관점을 깨기 위해서 중국사와 세계사를 공부했고 심지어는 우주의 역사까지 공부했다. 그 과정에서 우주의 한 점에서 한순간 존재하는 '나'라는 존재를 더욱더 객관적으로 볼 수 있게 되었다.

나는 끊임없이 물었다.

'과연 이게 다냐? 이것이 궁극이냐?'

이런 물음으로 다시 반대되는 방향으로 공부해나갔다. 그 과정에서 완전히 새로운 통찰과 직관을 얻게 되었다.

물론 이 과정이 쉬운 것은 아니었다. 끊임없이 혼란스럽고 때때로 불안하고 항상 모순에 직면했다. 10년간 열심히 쌓아 올린 성을 아낌없이 깨부수고 다른 곳으로 떠나야 하는 성주의 심정이라고나 할까?

지금까지 해온 나의 공부 방식을 한마디로 정리하면 다음과 같을 것이다.

"동서고금을 왕래하라."

이렇게 하나에 안주하지 않고 공부한 덕에 이제 동서고금을 왕래하는 정신의 자유를 얻었다. 하나에 안주하여 지키지 않으니 동서고금이 다 내 것이 되었다.

"버리고 떠나라. 새로이 얻으리."

그럼 여기에서 나의 공부 방법을 정리해보자.

첫째, 동서東西를 왕래하라.

동을 알기 위해서 중국어와 한학을 공부했고, 서를 알기 위해서 영어를 공부했다. 또 동을 알기 위해서 한의학을 공부했고, 서를 알기 위해서 서양의학을 공부했다.

구체적인 예를 들어보자. 나는 노장사상가로서 노장의 도를 이해하는 데 처음에는 애를 많이 먹었다. 하지만 켄 윌버Ken Wilber의 영어 원서를 보면서 도를 우주심(cosmic mind)으로 이해할 수 있다는 사실을 알았고, 사실상 그편이 이해가 더 잘되었다. 또한《금강경》이나《반야심경》같은 한문 불교서적도 불교사상의 기원이 되는 인도철학의《바가바드기타》나《우파니샤드》등의 영역서를 먼저 보고 나서 읽으니 한결 이해가 잘되었다. 이렇게 동과 서를 아우르다 보면 동과 서가 서로 대비되면서 더욱 깊이 이해된다.

둘째, 고금古今을 왕래하라.

나는 고와 금을 알기 위해서 기본적으로 역사 공부를 많이 했다. 서양사와 중국사를 읽었고, 개별 학문을 공부할 때도 그것이 역사적으로 어떻게 변화되어왔는지를 살폈다. 예를 들어 난해한 양자역학도 최종 결론을 바로 공부하는 것보다 역사적 발전과정을 살피니 훨씬 이해가 쉬웠다. 경제학도, 한의학도, 서양의학도 그랬다. 이렇게 모든 학문은 발전 과정을 살피면 이해도 쉽고 장점과 단점도 쉽게 파악된다.

셋째, 질문하라.

나는 학문에 진리란 없다고 본다. 모든 정설에 대해 의문을 제기하고 파고 들어갈 때마다 새로운 방법론과 이론을 찾게 되었다. 예를 들어

정형외과 의사들이 디스크 탈출이 요통의 주원인이며 수술만이 가장 확실한 치료법이라고 주장할 때, 나는 과연 그게 정답일까 하는 의문이 들었다. 그래서 관련 논문과 책을 찾다 보니 장기적인 관점에서 수술의 효과는 비수술 요법과 비교해 차이가 없고, 근본적으로 디스크 탈출이 요통의 주원인이 아니라는 증거들도 많이 찾게 되었다. 그리고 이런 근거들을 치료에 이용할 수 있게 되었다. 이렇게 의문을 갖고 탐구하면 항상 새로운 방법과 이론을 찾게 된다.

넷째, 통합하라.

동서고금을 왕래하면서 공부하다 보면 처음에는 혼란과 모순에 직면하기 마련이다. 하지만 그럴수록 자신을 믿고 기다리다 보면 이 모든 혼란과 모순을 꿰뚫는 통합 이론이 나오기 마련이다. 그러니 우선 시야가 닿는 한 종횡무진 자료를 보고 연구하라. 그리고 그것이 언젠가는 통합될 것이라고 믿어라. 그러면 제3의 이론과 방법을 찾게 될 것이다.

다섯째, 최고를 지향하라.

어떤 분야를 공부하든 최고의 경지를 지향하라. 모든 성과는 처음 기대했던 만큼 나오기 마련이다. 그러니 처음부터 최고를 기대하고 목표로 삼아라. 그러면 최고수가 되거나 최소한 고수는 될 수 있다.

여섯째, 아까워하지 말고 버려라.

많은 사람들이 한 분야에 일가를 이루게 되면 새로이 도전하기보다는 안주하면서 지키려고 한다. 그런데 배움의 길에서도 공격이 최선의 방어이며 버림이 최선의 지킴이다. 예를 들어 나는 힘들게 공부한 한의학에서 한계를 느꼈을 때 아낌없이 버리고 심신의학에 도전했다. 어느 덧 힘들여 심신의학을 이해하고 나니 버렸던 한의학이 다시 이해가 되었고, 새로이 되찾아 쓸 수 있게 되었다. 그러니 이제껏 쌓은 것 아까워 하지 말고 버릴 줄 알 때 더 큰 것을 얻게 된다.

일곱째, 극한까지 가라.

나는 한 분야를 선택해서 연구할 때는 그 분야에 관해 나올 수 있는 모든 극한의 질문을 다 던져본다. 설령 그것이 절대로 풀릴 수 없어 보이는 질문이라 하더라도 일단은 던져본다. 예를 들어 나는 한의사로서 종교를 통해 의료인이 고치지 못하는 불치병이 종종 낫는 현상을 보고서 그것이 과연 불치병일까 하는 의문이 생겼고, 그 치료 원리를 알고 싶었다. 그러나 실제로 비일비재한 이런 치유 현상이 기존 의료제도 안에서는 그저 예외 정도로 치부되며 무시당하고 있었고, 어떤 의료인도 의문을 갖거나 답을 제시하지 못했다. 그래서 나는 이 의문을 직접 해결하기 위해서 의료 영역을 넘어선 심리학, 비교 종교학, 심신의학 등을 닥치는 대로 공부하면서 그 원리를 밝혔고, 이제는 그 원리를 응용하여 온갖 난치병을 치료하고 있다.

여덟째, 전공 불문하고 호기심을 좇아가라.

나는 나의 호기심과 의문을 풀기 위해서 우선은 별 필요가 없어 보여도 그저 좋아서 공부했다. 한의대생 시절에는 장자를 알고 싶어서 그저 공부했고, 영어는《모비 딕》이라는 고전을 읽기 위해서 20년 동안 공부했고, 동양철학은 한의학의 바탕을 이해하기 위해서 공부했고, 서양철학은 동양철학을 더 잘 이해하기 위해서 공부했다. 이런 식으로 나는 호기심과 의문이 이끄는 대로 공부했고, 이 모든 것이 당장에는 쓸모가 없었지만 지금에 와서는 모두 쓸모가 있게 되었다. 그 지식들을 통해서 책도 쓰고, 강의도 하고, 치료법도 개선시켰다.

그래서 나는 이렇게 단언할 수 있다.

"좋아서 공부하면 모두 다 써먹는다."

그러니 전공이나 쓰임새에 매이지 말고 호기심을 좇아 공부하라.

또한 나는 수많은 천재들의 책을 읽고 배우면서 천재란 무엇일까 많은 고민을 했다. 여기에 내 나름대로 정리한 천재가 되는 법을 말해본다.

— 극단을 왕래하라.
— 예외에 주목하라.
— 전통과 정통의 굴레에서 벗어나라.
— 대가들을 우습게 볼 줄 알라.
— 과감한 가설을 세우되 꼼꼼하게 검증하라.
— 정설에 과감하게 질문하여 도전하라.
— 관심 따라 다양하게 공부하라.
— 혼란과 모순을 사랑하라.
— 양보다 질(창의성)이다.
— 자신을 믿고 나아가라.

공부와 배움에 관한 촌철활인

— 나의 공부법 중 하나! 뭔가 알고 싶은 주제가 있는데, 아무리 해도 감이 안 잡히면 관련된 자료들을 있는 대로 긁어모아서 될 때까지 머릿속을 융단폭격한다. 그러다 보면 어느새 무의식의 저항과 먹구름이 뚫리면서 '아!' 하는 통찰과 산 위에서 만물을 내려다보는 듯한 조망감이 든다. 바로 이때가 모름이 앎으로 바뀌는 순간이다. 때로는 이런 순간을 만들기 위해서 몇 년이나 온갖 책과 자료와 경험으로 뇌와 몸의 온 세포를 두드려야 할 때도 있다.

— 이성을 포기한 지점에서부터 맹목이 지배하기 시작한다. 그때부턴 말 그대로 뵈는 게 없다. 그래서 무식하면 종종 용감해진다.

— 철학자의 이성 + 무도가의 실천력 + 시인의 감성 = 최고의 완벽한 인생. 완벽하게 살기 위해서는 참 닦을 게 많다.

— 대부분의 사람들이 아는 것은 알고 모르는 것은 모른다는 사실을 모른다. 그래서 평생 그렇게 산다. 새로이 살고 싶으면 새로운 것을 배워라.

— 많은 사람들이 혼란과 모순을 싫어한다. 반면에 나는 좋아한다. 새로운 질서는 반드시 혼란과 모순 속에서 나기 때문이다. 그래서 서로 반대되는 것을 마구 머리에 집어넣으면 한동안 혼란과 모순에 빠지지만 곧 혼돈에서 질서가 생긴다.

— 나는 새로 배우는 재미로 산다. 배운 것을 실천해보는 재미로 산다. 그러니 좀체 심심하지가 않다.

— 20:80의 법칙은 지식의 세계에도 적용된다. 유식한 사람은 곱으로 유식해지고 무식한 사람은 곱으로 무식해진다. 게다가 이제는 지식이

돈이 되는 세상이라 무식은 가난으로 직결된다. 반대로 꾸준히 공부하면 곱으로 유식해지고 부유해지리라.

— 몸에 명품 옷 걸치면 멋있다. 그런데 머리에 명품 지식 넣으면 고귀하다.

— 언어는 카메라의 렌즈와 같다. 렌즈가 다양할수록 사물의 다양한 상을 포착할 수 있듯, 2개 국어 이상을 알면 세상을 더 다양하게 인식할 수 있다. 하나의 의미를 한국어, 한문, 영어로 표현하면 3종의 색감이 생긴다. 그러니 어학은 필수다.

— 때로는 알기 위해서라기보다는 얼마나 모르는지 알기 위해서 공부해야 한다. 공부 좀 해보면 세상 얼마나 넓은지, 내가 얼마나 무식한지 절실히 깨닫게 된다.

— 유식하면 좋다. 그런데 지식이 자랑거리로 쓰인다면 부끄럽다.

— 좋은 학교를 못 나와서 무식해지는 게 아니라 더 이상 배우기를 멈추는 순간 무식해진다. 그래서 세상에는 무식한 명문대 출신이 가득하다.

— 공부한 것을 제대로 이해하고 싶으면 말로 설명해보라. 더 제대로 이해하고 싶으면 글로 써보라. 가르치는 것이 가장 크게 배우는 법이다.

— 나는 평생 철학 공부를 해왔다. 인생의 답을 찾기 위해서. 그런데 최근 이런 생각도 든다. '인생에는 때때로 답이 없다. 그것도 답이다.' 답이 없다는 것을 아는 것도 참 중요하다. 모르면 계속 찾을 테니까.

어떻게 연애하고 결혼해야 잘 살죠?

인생에서 가장 큰 실패는 결혼의 실패이며,
가장 큰 성공은 결혼의 성공이다.

천생연분은 만나는 게 아냐

수많은 사람들의 몸과 마음을 고쳐주면서 나는 인간의 모든 문제는 결국 가정에서 비롯된다는 점을 느꼈다. 행복한 부부는 행복한 아이들을 만들고, 이런 가족들이 모여 마침내 행복한 국가가 된다. 반대로 불행한 부부는 비행 청소년이나 문제 청소년을 만들고, 이들이 모든 사회 문제의 근원이 된다. 그래서 나는 부부관계에 대해 곧잘 이런 말을 하곤 한다.

"인생에서 가장 큰 실패는 결혼 실패이며 가장 큰 성공은 결혼 성공이다. 그러니 결혼 생활에 최선을 다해라."

많은 사람들이 가진 오해가 있다. 천생연분을 만난다고들 하는데, 수많은 부부를 상담해본 결과 나는 이렇게 단언한다.

"천생연분은 만나는 게 아니라 만드는 것이다."

그럼 이제 천생연분을 만드는 방법을 알아보자.

184

1. 평강공주의 법칙

평강공주가 바보 온달을 장군으로 만든 비결을 생각해본 적이 있는가. 평강은 남들이 자기 남편을 바보라고 놀려도 흔들리지 않고 남편을 있는 그대로 사랑했다. 평강은 남편이 더 좋아질 수 있다고 믿고 최선의 뒷받침을 해서 마침내 온달을 바보가 아니라 장군으로 만들었다. 그러니 아내나 남편을 판단하지 않고 있는 그대로 사랑하되, 상대가 좋아질 수 있다는 가능성을 믿어라. 그러면 남편은 왕이 되고 아내는 여왕이 된다.

2. 로맨스의 법칙

삶은 종종 너무 힘든 고난이다. 하지만 영화 속 남녀 주인공들처럼 두 손 꼭 잡고 고난을 헤쳐나가면 그 고난이 둘을 위한 모험이 된다. 삶이 로맨스가 되고, 그 로맨스가 결혼을 지속시킨다. 좋은 부부는 처음에는 애틋한 사랑으로 살다가 나이 들면 로맨스로 산다. 두 손 꼭 잡은 부부에게 고난은 그저 로맨스를 키우는 좋은 기회일 뿐이다.

3. 시너지의 법칙

신경생리학적으로 남과 여는 같은 사물을 보아도 서로 다른 방식으로 이해하고 판단한다. 또한 서로 다른 환경에서 자란 두 사람은 같은 상황에서도 서로 다른 해석을 하기 마련이다. 이런 다름 때문에 다툼이 일기도 하지만 이 다름이 잘 조화되면 더 큰 시너지를 만든다.

몸에 비유하면 한 눈으로도 다 볼 수 있지만 두 눈이 있어 원근감이 생기고, 한 귀로도 다 들을 수 있지만 두 귀가 있어 소리의 방향을 알 수 있다. 그러니 서로의 의견을 잘 모아 더 나은 제3의 의견을 만들면 똑똑한 개인을 넘어 똑똑한 부부가 된다.

시너지란 참 무서운 것이다. 개인이 아무리 똑똑해도 똑똑한 부부는 못 당한다. 똑똑한 부부가 되면 세상 사는 게 참 든든할 것이다.

4. 스포츠의 법칙

권투와 싸움의 차이가 뭘까? 그렇다. 규칙이다. 규칙이 없으면 스포츠는 싸움이 된다. 부부란 가장 가까운 사이이다 보니 막 대하게 되는 경우가 많다. 그러나 부부 사이에도 규칙이 필요하고 이 규칙이 깨지면 부부는 함께 사는 적이 된다.

그러니 반드시 다음 규칙을 지켜라. 어떤 경우에도 폭언, 폭행과 양가에 대한 험담은 절대 금지하라. 이 최소한의 규칙이 깨지면 가정이 싸움터가 된다.

다음은 내가 결혼 10주년에 아내에게 바친 시다. 부부란 무엇인가를 생각하다 보니 이런 시가 떠올랐다. 일명 〈부부를 위한 시〉다.

「두 새가 한 새로 날다.

작은 새 하나
큰 산에 가로막혀
오래 외로이 울고 있었다네.

어느 날
산을 넘지 못하는

또 다른 작은 새를 만났네.

한동안
즐거이 날고 노래 부르다
함께 저 산을 넘기로 했다네.

이윽고
높은 산에 지쳐 날개가 젖은 솜일 때
서로 한 날개씩 더 큰 새가 되었네.

마침내
하나가 된 두 새는 이 산을 넘고
커진 날개로 더 높은 산을 난다네.」

연애와 결혼에 관한 촌철활인

— 날이 추워진 뒤에야 소나무와 잣나무의 푸름을 알게 되듯, 남자가
어려움에 빠졌을 때 여자의 진정한 사랑이 드러나는 법이다. 조건을 사
랑하는 여자는 떠나고, 나를 사랑하는 여자는 도울 것이다. 그러니 진
정한 사랑을 원한다면 돈 없을 때 만나라. 물론 반대로 남자도 마찬가
지다. 처가의 재산 때문에 여자를 사랑하는 남자는 처가의 재산 변동에
따라 사랑도 변동할 것이다. 그러니 어쨌든 남자나 여자나 진정한 사랑
을 찾고 싶으면 가장 별 볼일 없을 때 만나 사랑하라. 그러면 그 사랑이

변할 일은 별로 없을 것이다.

— 죽을 때까지 내 곁을 지켜줄 이는 강아지나 아내뿐이다. 그러니 개를 키우거나 아내에게 잘해라.

— 가장 큰 재테크는 부부화합이다. 남편은 아내 생각에 더 잘 벌고, 아내는 남편 생각에 더 잘 모으고 잘 불린다. 화합이 안 되면 잘 벌지도 못하고, 벌어도 다 새 나간다. 부부화합이 없는 재테크는 뻥이다. 실제로 화합 없는 부부가 경제적으로도 힘들다.

— 결혼을 잘하면 행복해지고, 결혼을 못하면 철학자가 된다. 그러니 결혼은 어쨌든 남는 장사다. 게다가 결혼 못하고 불행한 것보다 결혼하고 불행한 것이 더 낫다. 그러니 어쨌든 겁내지 말고 결혼하라. 게다가 간혹 결혼 대박이 나면 행복한 철학자가 되기도 한다.

— 동서양의 역사는 영웅호걸이 만들었고, 그 영웅호걸들은 또 여자들이 만들고 망가뜨렸다. 이렇게 보면 역사는 결국 여자들이 만드는 것일까?

— 여러 건의 부부 상담과 연애 상담을 하면서 느낀 점. 혼자서 잘 사는 사람이 결혼해서도 잘 산다. 그러니 결혼해서 잘 살 거라고 믿는다면 안 하는 게 낫다. 괜히 아내나 남편 탓하다 더 불행해지기 마련이니까. 먼저 혼자서 행복하게 살 줄 알라.

— 조건 보고 사랑하고 결혼해도 되는가. 된다. 다만 당신의 조건이 바뀔 때 그녀의 사랑도 변한다는 사실을 명심하라. 심순애가 김중배를 사랑한 것은 다이아몬드 때문일까, 김중배 때문일까? 실제로 미국에서 금융권 위기로 수많은 고액 연봉자들이 실직했을 때, 곧 더불어 이혼을 같이 경험해야 했다.

— 온달은 평강을 만나기 전까지 그냥 바보였다. 평강이 온달에게 무

한한 사랑과 믿음을 주자 온달은 장군이 되었다. 반면에 성군이었던 당현종은 양귀비를 만나 어리석어졌고 국운이 기울기 시작했다. 이렇게 여자는 남자를 만들기도 하고 망가뜨리기도 한다.

— 연애는 자유고 결혼은 책임이다. 연애는 자유롭게 하고 결혼은 책임 있게 하라. 연애는 멋있는 사람과 하고, 결혼은 성실한 사람과 하라. 성실한 사람과 연애하고 멋있는 사람과 결혼하면 징해진다. 결혼과 연애를 헷갈리지 마라.

— 결혼 전에는 조건을 따져라. 아직 내 사람이 아니니까. 단, 결혼 후에는 조건을 따지지 마라. 이제 내 사람이니까. 결혼 전에 조건 안 따지다가 결혼 후에 따지면 지옥을 경험한다.

— 많은 여자들이 백마 탄 남자를 기다린다. 그런데 내 남자를 왕자로 만들 수 있다는 것을 아는가. 남자는 세상을 만들고, 그 남자는 여자가 만든다. 평강공주가 그 실례다. 그러니 왕자를 기다리기보다는 왕자를 만드는 여자가 되라. 그러면 왕국이 당신 것이 되리라.

— 여자친구가 나보다 잘난 남자에게로 떠난다고 할 때 그냥 쿨하게 자신감 있게 외쳐라. "나 떠나면 니가 손해지." 그러면 차일 때마다 더 능력 있고 멋진 남자로 다시 태어나게 된다.

— 세상을 정복하는 남자는 멋있다. 그 남자를 정복하는 여자는 아름답다.

— 용기 있는 자가 미인을 얻는다. 그러니 쫄지 말고 대시하라.

사람들과 지내기 힘들어요, 인간관계를 어떻게 하죠?

~~~~~

인간관계가 좋으면 세상이 천국이고, 인간관계가 나쁘면
세상이 지옥이다. 당신은 어디에서 살고 싶은가.

베풀되 화병 걸리지 않는 법

많은 사람들이 실컷 베풀고도 인정 못 받고 상처만 받다가 결국 화병
에 걸린다. 그러면 어떻게 베푸는 것이 좋은 방법일까?

1. 이미 주었으면 아까워 말고, 아까울 것 같으면 더 주지를 마라.

2. 사막에 씨 뿌려도 싹 안 난다. 마찬가지로 싹이 노란 사람(베풀 가
치가 없는 사람, 곧 give and take를 모르는 이기주의자)에게는 아예 주지를 마라.

3. 호의가 지속되면 의무가 된다. 나의 호의가 의무가 되게 하지 마
라. 한 번씩 잘하면 칭찬 듣고 계속 잘하다 안 하면 욕 듣는 게 인지상
정이다. 그러니 사람들이 나의 호의에 감사할 줄 모르면 그냥 해주지
마라.

4. 내가 좋은 만큼, 좋은 대로, 좋은 정도까지만 주어라. 억지로 남
의식해서 막 퍼주다 패가망신하지 마라.

5. 남만큼이나 나도 챙겨라. 남 줄 때 내 것도 같이 챙겨라. 내가 내 것 챙긴다고 욕하지는 않지만 내 것 제때 안 챙겼다가 나중에 아쉬운 소리 하면 욕 듣는다.

6. 내가 원하는 것이 아니라 사람들이 원하는 것을 원하는 대로 주어라. 안 그러면 해주고 욕 듣는다.

7. 언젠가 알아줄 거라고 막연히 기대하지 마라. 내 맘 알아주는 사람 나밖에 없다. 기대할 거면 주지 말고, 이미 주었으면 잊어라. 남의 맘 결코 내 맘 같지 않다.

8. 주고서 생색내지 말고 생색낼 거면 그냥 주지 마라. 사람들은 안 준다고 욕하지는 않지만 생색내면 반드시 욕한다.

이렇게 하면 해주고 칭찬받고, 힘도 안 들고, 재미있고, 보람 있게 살아갈 수 있다. 만약 이것을 다 어기면 힘은 힘대로 들면서 욕은 욕대로 듣다가 화병 걸려서 성인병이나 암에 걸려 속 터져 죽는 수가 생긴다. 나 그런 사람 많이 보고 많이 치료해주었다.

인간관계에 관한 촌철활인

— 잘 받으려면 먼저 잘 주어라. 그런데 잘 주어도 잘 받지 못하는 사람에게는 더 이상 주지 말라. 얌체들만 양산하고 속 터진다.

— 남들 잘되는 것 보고 좋아하면 같이 잘되고, 남들 잘되는 것 보고 질투하면 내 배 아프다. 그러니 남 잘되는 것 보고 같이 좋아할 줄 알라. 그러면 더불어 잘되리라.

— 바랄 거면 주지 말고, 줄 거면 바라지 말라. 주고서 아까우면 그냥 더 이상 주지 말라. 이것이 화병 예방의 제1원칙이다. 이것을 어기면 화병 지옥에 빠진다.

— 뿌린 대로 거둔다. 보낸 대로 받는다. 그러니 잘 받고 싶으면 먼저 잘 주어라. 무엇을 받을까보다 무엇을 잘 줄 수 있을까를 생각하라. 먼저 최상을 주어라. 그러면 최상을 받을 것이다.

— 룰을 지키지 않는 자에게까지 룰을 지킬 필요는 없다.

— 때로는 100명의 친구를 만드는 것보다 한 명의 적을 만들지 않는 것이 더 중요하다. 인간은 은혜보다는 원한을 더 깊기 마련이고, 잘되게 하는 능력은 없어도 발목 잡는 능력은 누구나 갖고 있기 때문이다.

— 남이 내 말을 잘 듣기를 원한다면 먼저 남의 말을 잘 들어라.

— 무의식은 나와 남을 구분하지 않는다. 속담에 싸우면 닮는다고 했다. 독한 시어머니 밑에서 고생하던 며느리가 아들 장가보내면 똑같은 시어머니가 된다. 독종 고참 만나 고생하던 졸병이 고참 되면 같은 독종 된다. 그러니 용서를 배워라.

— "나는 절대로 아빠나 엄마처럼 살지 않을래"라고 반항하던 아이가 꼭 아빠나 엄마처럼 살게 된다. 그러니 그렇게 살고 싶지 않으면 이해와 용서를 배워라.

— 옳기를 바라는가, 행복하기를 바라는가. 옳기를 바라면 계속 싸워라. 행복하기를 바라면 이해하고 용서하라.

나도 성공하고 싶어요, 어떻게 성공하죠?

~~~

막상 성공해보면 성공이 별것 아님을 깨닫는다.
그런데 성공은 별것 아니지만 별것 아닌 줄 아는 것은
별것 아니지 않다. 그러니 성공해라.

1년 안에 패가망신하는 법

저명한 성공학 연구가인 스티븐 코비는 '성공하는 사람들의 7가지
습관'을 제시했다.

1. 주도적이 되라.
2. 목표를 확립하고 행동하라.
3. 소중한 것부터 먼저 하라.
4. 상호이익을 추구하라.
5. 경청한 다음에 이해시켜라.
6. 시너지를 활용하라.
7. 심신을 단련하라.

나는 반대로 수천 명에게 상담과 강의를 하면서 '실패하는 사람들의

7가지 습관'을 찾아냈다.

1. 수동적으로 살아라.
2. 목표 없이 막 살아라.
3. 하찮은 것만 쪼잔하게 챙겨라.
4. 내 이익만 챙겨라.
5. 남이 이해하든 말든 내 말만 우겨라.
6. 내가 속한 집단에 분란을 일으켜라.
7. 심신을 절대로 단련하지 말고 막 굴려라.

이렇게 살면 조만간에 인생이 꼬이면서 패가망신하거나, 정신병이나 몹쓸 병에 걸려 조기 사망할 수 있다. 원한다면 바로 실천하도록 하자. 1년 안에 효과를 보게 될 것이다.

위의 항목 중에 나는 몇 개나 해당할까?

다섯 개 — 절대 폐인

네 개 — 막강 폐인

세 개 — 상당한 폐인

두 개 이하 — 보통 사람

다섯 개 이상인 사람에게는 존경을 표한다.

성공에 관한 촌철활인

— 세상에서 가장 큰 성공은 재벌이나 왕이 되는 것이 아니라 생각한 바를 다 실천해보는 것이다.

— 성공을 위한 조언.

 1. 언제 어디서나 내가 원하는 것을 얻을 방법은 항상 존재한다. 그러니 꾸준히 찾아라.

 2. 이것보다 나은 방법은 항상 존재한다. 그러니 꾸준히 개선하라.

 3. 안 되는 것 안 되는 줄은 누구나 알지만 안 되는 것 되게 할 때 돈을 번다. 그러니 꾸준히 되게 하라.

— 성공하려고 하면 성공할 것만 하게 된다. 그런데 성공의 단서는 종종 성공과는 거리가 먼 뜻밖의 곳에서 얻기 마련이다. 그러니 성공할 일만 하다가는 평생 성공 못하는 역설에 빠진다. 성공하려 하지 말고 그저 경험하라. 경험을 즐겨라.

— 벼락 성공이나 부만큼 위험한 것 없다. 도대체 이것을 어떡해야 할지도 모르겠고, 다음에 또 이것을 이뤄낼 자신도 없으니까. 최소한 세 번의 실패를 극복한 후의 성공과 부가 진짜이며 오래간다. 재현할 수 없는 성공과 부는 모두 내 것이 아니다.

— 과거의 성공을 반성하지 않으면 또 성공할 수 없고, 과거의 실패를 반성하지 않으면 그대로 되풀이하게 된다. 반성의 능력만 있다면 모든 경험이 최고의 자산이 된다.

— 잘난 사람은 보통 자기가 잘나서 그런 줄 알지만, 상황이나 집안이 잘나서 그런 경우가 많다. 진정 잘난 사람은 실패를 딛고 성공하고, 바닥부터 정상까지 올라갈 줄 아는 사람이다. 아빠 덕에 잘난 사람이

아빠 없이 꾸준히 잘나기는 힘들다.

— 부귀와 빈천을 다 겪어봐야 인생을 알고, 인생을 알아야 영원할 수 있다. 그래서 졸부와 세습부자들이 오래 못 가는 법이다.

— 정상에 영원히 머무르고 싶으면 바닥에서부터 올라가라. 운이나 부모 덕에 정상에 빨리 오를 수는 있다. 하지만 오래 머물 수는 없다. 그러니 내 힘으로 올라가라.

— 술수로 잠시 성공할 수는 있다. 물론 운이 좋으면 드물지만 한평생 성공할 수도 있다. 하지만 그렇다고 술수가 실력이 되는 것은 아니다. 술수로 이룬 성공만큼 위태한 것 없다. 그러니 시간이 걸리더라도 원칙대로 실력을 쌓아라.

— 성공에는 비법이 있지만 실패에는 비법이 없다. 그냥 막하면 그냥 실패할 수 있다. 그러니 막 살면서 막연히 성공을 기대하지는 말라.

— 회사가 필요한 사람이 되지 말고 회사가 필요로 하는 사람이 되어라. 조직이 필요한 사람이 되지 말고 조직이 필요로 하는 사람이 되어라. 환자가 필요한 의사가 되지 말고 환자가 필요로 하는 의사가 되어라. 그러면 끝없는 자유와 성공을 얻게 되리라. 손님이 필요한 장사꾼이 되지 말고 손님이 필요로 하는 장사꾼이 되어라. 유권자가 필요한 정치인이 되지 말고 유권자가 필요로 하는 정치인이 되어라. 고객이 필요한 기업이 되지 말고 고객이 필요로 하는 기업이 되어라. 그러면 영원한 명예와 성공을 누리리.

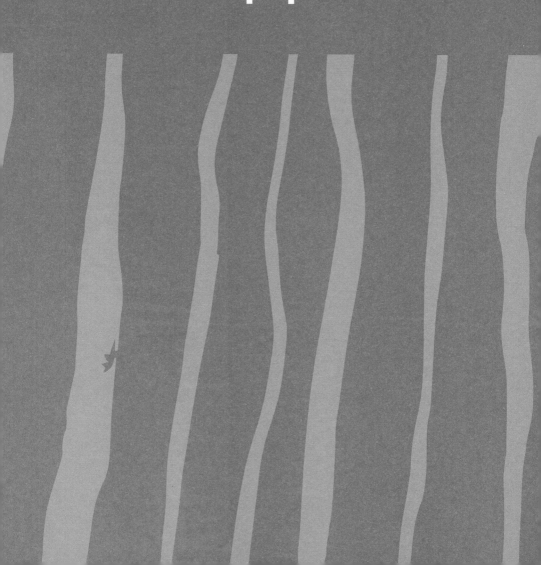

2부

행복
과외

1

"
최고의 스승은
자연이야,
자연에서 배워!
"

아리스토텔레스가 말했다. "예술은 자연의 모방이다."
혼돈이 말한다. "좋은 인생은 자연을 본받는 것이다."

모든 것은 변화해,
모든 것은 요동쳐

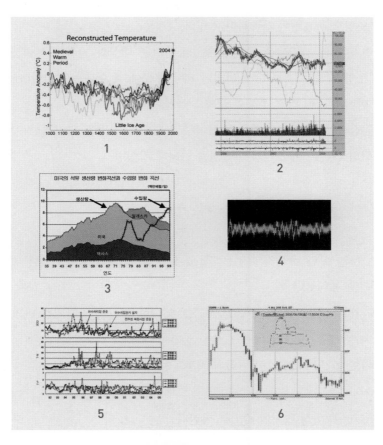

1. 기후 변화 곡선: 1,000년간의 기후 변화 곡선이다.
2. 주가 곡선: 주가 변화 곡선이다.
3. 석유 곡선: 미국의 석유 생산량과 수입량 변화 곡선이다.
4. 심전도: 심전도 변화 곡선이다.
5. 전주천 수질: 전주천의 월별 수질 변화 곡선이다.
6. 환율: 환율 변화 곡선이다.

얼마 전에 거의 10여 년 전에 봤던《카오스 이론》이란 책을 다시 꺼내 보았다. 쉬운 책은 아니었지만 요즘 내가 고심하던 세상과 우주와 생명의 본질에 관해 근원적인 통찰과 해답을 주었다. 카오스 이론에 의하면 이 세상의 모든 것이 일종의 패턴을 형성하고, 이 패턴은 기하학적 도형으로 표현이 가능하다고 한다.

먼저 앞의 그림들을 한번 보자. 서로 다른 대상의 변화 곡선이지만 그 모양은 모두 흡사하다. 이것이 바로 우주에 존재하는 패턴이다. 또한 이런 요동이 바로 우주와 생명의 실상이기도 하다.

인간은 심리적으로 변화를 싫어하고 평형과 안정을 바라지만 이들 곡선의 패턴은 바로 다음의 진실을 나타내고 있다.

"모든 것은 변화한다. 모든 것은 요동친다."

노자는 이런 자연의 패턴을 "돌고 도는 것이 길의 움직임이다^(反者道之動)"라고 표현했다.

인간은 항상 평형과 안정을 바라고 익숙한 것에 안주하기를 바라지만 이 우주는 인간의 이런 소망을 일거에 부질없는 것으로 만든다. 그럼에도 인간은 끊임없이 변화에 저항하려고 한다. 예를 들어보자.

— 국민: 항상 경기가 좋기를 바란다.

— 장사꾼: 계속 손님이 늘기를 바란다.

— 인간: 항상 좋은 일만 있기를 바란다. 항상 편안하기를 바란다.

— 환자: 항상 아프다고 한다.(하지만 통증도 요동친다. 인간은 자신의 고통을 과장하는 경향이 있다. 항상 일정하게 아픈 통증은 없다.)

— 기업인: 기업은 항상 성장해야 한다.(하지만 무한 성장은 없다. 축소도 준비해야 한다.)

세상과 우주의 본질이 요동이라는 사실을 잊기 때문에 인간은 정점에서 자만하고 저점에서 좌절한다. 인간의 근원적인 비극이 자만과 좌절이라고 본다면 이런 자만과 좌절은 또한 요동에 대한 무지에서 비롯된다고 할 수 있다.

그럼 요동이 만물의 본질이라는 관점에서 우리는 어떻게 살아갈 것인가.

첫째, 좋다고 맹신하고 과신하고 자만하지 말라. 결국 이것들 모두 지나갈 것이니 그저 겸손하게 마음을 비우고 다음 저점을 대비하라.

둘째, 안 좋다고 너무 좌절하지 말라. 이것도 역시 모두 지나갈 것이다. 그저 겸손하게 다음 정점을 기대하면서 미래를 준비하라. 카오스 패턴에 의하면 쥐구멍에도 반드시 볕 들 날이 있음을 명심하라.

셋째, 정점과 저점이 언제 끝날지는 모르니 끈기를 가져라. 카오스 이론에 따르면 요동하는 패턴의 일부분을 확대하면 전체와 유사하지만 결코 동일하지는 않다. 한마디로 내가 겪는 정점과 저점의 패턴이 언제 어떻게 시작하고 끝날지는 결코 정확하게 알 수 없다.

하지만 그렇다고 완전히 알 수 없는 것은 아니다. 무의식은 몇 개의 패턴을 경험하면 자동적으로 패턴을 인식하는 능력이 있으므로 끈기를 갖고 내가 처한 패턴을 파악하다 보면 나의 분야의 변화 패턴을 파악하고 예측하는 능력도 갖게 될 것이다. 이런 패턴 파악 능력이 바로 이른바 직관이나 통찰이라고 하는 것이다.

즉석 EFT

이제 이 요동치는 우주에서 내 삶을 안정감 있게 살아갈 수 있도록
다음과 같이 EFT를 해보자.

문제를 인정하고 받아들이기

- 나는 맨날 안 된다고 생각하지만 그것은 거짓말이다. 왜냐하면 카오스 이론에
  따라 모든 것은 요동치기 때문이다. 하지만 어쨌든 깊이 진심으로 나를 이해하고
  받아들입니다.

- 나는 이 밑바닥이 언제 끝날지 궁금하고 답답하지만, 어쨌든 깊이 진심으로 나를
  이해하고 받아들입니다.

- 나는 잘된다고 자만하지만 이것마저 다 지나가리라. 하지만 어쨌든 나를 이해하고
  받아들입니다.

마음 풀기

- 우주의 본질은 요동이다. 우주의 본질은 변화다. 이것마저 지나가리라. 다 지나가리라.
  그러니 좋은 것은 좋게 받아들이고 안 좋은 것도 그저 좋게 받아들인다. 마침내는
  모두 지나가고 추억만 남으리니. 고통도 지나가고 나면 추억이 되는 것이니까. 우주는
  변화하고 요동치고, 쥐구멍에도 마침내 볕이 든다.

생명은
도전이야

내가 살던 반포에는 여름마다 매미 소리가 꽤 시끄럽다. 나의 아내는 여름에 접어들 때면 "올여름도 매미 울음에 잠을 설치겠구나"라며 미리 한소리를 한다. 게다가 아파트 단지의 온갖 풀과 나무에는 매미가 되어 날아간 굼벵이 허물이 자유로이 날아간 매미를 그리듯 겨울이 다 갈 때까지 꼼짝없이 붙어 있다.

매미의 일생을 한번 살펴보자. 매미는 애벌레(굼벵이)로 땅속에서 천적을 피하면서 짧게는 2년에서 길게는 17년까지 산다. 그러다 땅 위로 올라와 나무나 수풀에서 허물을 벗고 매미로 변신해 한 달 정도를 맘껏 울고 날아다니다 죽는다. 그 흔한 매미 울음 한 번 내뱉기 위해 땅속에서 10여 년을 기어 다녔다는 것을 생각하면 가슴이 좀 뭉클하지 않은가!

내가 몇 년 동안 본 허물에는 이를 증언하듯 예외 없이 흙이 잔뜩 묻어 있었다. 매미는 장장 10여 년을 지렁이처럼 흙밭에서 뒹굴다가 마침내 찬란한 여름 하늘로 비상해서 아름다운 울음을 한 달간 실컷 내뱉다가 자신의 장엄한 삶을 마친다.

나는 출근길에 나무에 붙은 허물이 잘 붙어 있는지 관찰하곤 한다.

그럴 때마다 그 허물은 나에게 말한다.

"나는 한 달의 비상과 울음을 위해 10여 년을 땅속에서 뒹굴며 기다렸다. 혼돈아, 너는 나처럼 비상할 준비를 하고 있느냐?"

이 질문에 가슴이 뜨끔해진 나는 다시 맘을 가다듬는다.

'현실이라는 흙밭에서 열심히 뒹굴자. 하지만 여기가 끝이라고 생각지 말자. 저 너머에 찬란한 해와 바람과 영광의 울음이 있다. 언젠가는 매미처럼 비상하고 맘껏 영광의 노래를 불러보리라.'

매미만 비상을 준비하는 것이 아니다. 이 세상 만물은 모두 비상을 준비한다. 애벌레는 기다가 나비가 되어 날아가고, 올챙이는 물에서 헤엄치다가 개구리가 되어 육지에서 뛰어다닌다. 지구의 역사에서 생명의 진화란 물에서 육지를 거쳐 하늘로 그 영역을 넓혀가면서 헤엄치고, 기고, 서고, 뛰고, 날아오르는 과정이었다.

이제 내가 여러분에게 묻는다.

"여러분은 날아갈 준비를 하고 있는가. 아무리 물속의 시간과 땅속의 시간이 길어도 때가 되면 찬란한 태양과 바람 속으로 날아갈 준비를 하고 있는가. 열심히 준비하라. 그리고 때가 되면 날아가라."

나는 이 우주가 나에게 외치는 소리를 듣는다.

"먼저 기어라. 일어서라. 뛰어라. 그리고 맘껏 비상하여 노래를 불러라."

나는 이 우주에서 주체할 수 없는 비상의 욕망과 영광의 노래를 부르고픈 엄청난 열정을 본다.

즉석
EFT

그러니 이제 우리도 새로운 도약과 비상을 위해 다음과 같이 확언과 EFT를 해보자.

문제를 인정하고 받아들이기

- 나는 이 현실에서 평생 벗어날 수 없을 것 같지만, 어쨌든 마음속 깊이 진심으로 나를 이해하고 사랑하고 받아들입니다.
- 나는 저 바람과 해를 향해 날 수 있을지 두렵고 의심스럽지만, 어쨌든 마음속 깊이 진심으로 나를 이해하고 믿고 받아들이고 사랑합니다.
- 나는 그저 굼벵이, 올챙이, 애벌레에 지나지 않는다고 느끼지만, 어쨌든 이런 나도 깊이 진심으로 이해하고 받아들입니다.

마음 풀기

- 이 현실에서 벗어날 수 있을까? 저 해를 향해 날아갈 수 있을까? 나는 그저 굼벵이나 올챙이나 애벌레일 뿐인데. 답답하다. 두렵다. 의심스럽다. 그런데 저 매미는 저 노래 한 번 부르려고 10년을 땅속에서 살았다. 그러면서도 하늘을 잊지 않았다. 나도 언제 저 하늘로 날지 모른다. 언제 노래를 부를지 모른다. 매미의 끈기와 꿈을 배워 나도 하늘을 날고 영광의 노래를 부른다.

확언하기

- 나는 언젠가 비상할 나비다.
- 나는 언젠가 영광의 노래를 부를 매미다.
- 나는 이 현실이 매미의 땅속 생활임을 안다. 여름의 찬란한 태양과 바람과 영광의 노래가 나를 기다린다.

어떤 생물도 나를 불쌍하게 보지는 않아

어느 날 공원에서 비둘기 떼를 보았다. 땅에 떨어진 옥수수를 먹으려고 수십 마리 비둘기들이 바삐 돌아다니고 있었다. 자세히 보니 그중에는 발가락이 없거나 한쪽 다리가 없어서 기우뚱거리는 몸뚱이를 끌다시피 하면서도 열심히 먹이를 쪼는 놈들도 몇 마리 있었다.

그놈들을 보다 보니 갑자기 가슴이 뭉클해졌다. 그놈들 중에서 어느 놈도 이렇게 외치지 않았다.

'나는 불구니까 니들이 좀 봐줘. 니들이 나에게 먹이를 좀 갖다 줘.'

말을 듣지 않는 몸뚱이를 기어코 끌고서라도 먹이를 쫄망정, 심지어 뒤처져서 먹이를 다 놓치더라도 그놈들은 다른 비둘기에게 자선을 요구하지 않았다.

"야생의 새는 결코 자기를 연민하지 않는다."

담양의 대나무 농원에 갔을 때의 일이다. 20~30미터 이상 자란 대나무들이 빽빽해서 대숲에 들어가면 아무 빛도 들어오지 않아서 캄캄할 지경이었다.

그러다 문득 대숲의 땅을 바라보았다. 군데군데 이제 막 자라난 새순이 보였다. 식물은 모두 빛을 받아야 살 텐데 저 새순들은 이미 다 자라버린 어른 대나무 사이에서 어떻게 살아갈 수 있을까 하는 생각이 들었다. 갑자기 죽순들이 불쌍하다는 생각이 들었다. 이미 어른 대나무들이 다 차지해버린 세상 속에서 저 어린 죽순이 과연 한 점 햇볕이라도 쬐고 살아남을 수 있을까!

그러다 문득 이런 생각이 들었다. 죽순은 어른들에게 결코 자신의 자리를 내달라고 애걸하지 않는다. 그저 묵묵히 자신의 자리가 생길 때까지 오로지 햇볕을 향한 일념으로 죽죽 자란다. 그래서 대나무는 하루에 심지어 50센티미터까지도 자란다고 한다. 그렇게 쑥쑥 자라다 이윽고 찬란한 햇볕 아래에 자신의 자리 하나를 만들 날이 올 것이다. 그것이 죽순의 생존방식이다.

"죽순은 그저 죽죽 자랄 뿐 햇볕을 구걸하지 않는다."

이 거대한 생태계에서 스스로를 연민하는 유일한 동물종이 인간이다. 그리고 이런 자기 연민 때문에 인간은 약해지고 자멸한다. 야생의 존엄성은 바로 이런 꿋꿋함에서 나온다.

그러니 인간들이여! 상황 때문에, 조건 때문에, 신체 결함 때문에 자기를 연민하지 말라. 그저 꿋꿋이 나아가라.

"자기에 대한 연민이 없는 자는 참으로 강하다. 자기를 연민하지 않는 자는 참으로 존귀하다."

뿌리 깊은 나무가 태풍을 견뎌

몇 년 전, 간만에 우리나라를 강타한 태풍 때문에 서울 전역에 난리가 났다. 유리창도 깨지고 정전도 되고 사람도 죽었다.

내가 사는 아파트 단지에도 몇 그루의 나무가 바람에 뿌리 뽑혀 차를 덮치고 길을 막아버렸다. 이 아파트 단지가 대략 30년은 되었으니, 그 나무들도 30년 이상을 그렇게 잘 살아오다가 태풍 한 번에 꺾어져서 잘려버린 셈이었다. 아깝기 그지없었다.

그러다 문득 뽑힌 나무들을 관찰해보았다. 그런데 수령이 있는 만큼 대체로 줄기와 몸통은 커다란 반면에 뿌리는 너무나 깡똥한 것이 아닌가! 흥미롭게도 뽑혀져 누워 있는 나무들은 모두 하나같이 깡똥한 뿌리를 갖고 있었다.

그것을 보면서 문득 이런 생각이 들었다.

'뿌리가 얕으면 언젠가는 큰바람에 넘어지는구나!'

인생도 이와 같지 않을까? 우리의 인생에도 언젠가는, 몇십 년에 한 번일지도 모르지만 큰바람이 불 것이다. 그때 뿌리가 깊지 않은 사람들은 모두 쓰러질 것이다.

그러니 이제는 나의 뿌리가 얼마나 깊은지를 고민해보자.

나의 학문은 이 태풍을 견딜 만한 뿌리가 있는가.
나의 사업은 이 태풍을 견딜 만한 뿌리가 있는가.
나의 지식은 이 태풍을 견딜 만한 뿌리가 있는가.

끝도 죽음도 없어, 그저 변화하는 거야

오래전 EFT 레벨1 워크숍 실습 시간에 있었던 일이다. 50대의 한 여자분이 당뇨가 심해서 인슐린 펌프를 착용하고 있는데, 얼마 전에 저혈당 쇼크가 발생하여 죽음의 두려움을 심하게 느꼈다고 했다.

실습 시간에 파트너와 이 두려움을 지워보려고 했으나 잘되지 않아 내가 나섰다.

"그때의 두려움이 얼마나 되죠? 0부터 10까지의 숫자 중에서 고른다면?"

"10이죠."

"그때 어떤 느낌이었죠?"

"식은땀이 나고 죽을까봐 두렵고, 이렇게 혼자 죽어가는 것 같아 너무나 외롭다는 생각이 들었어요.(얼굴 전체에 공포와 슬픔의 느낌이 비치면서 눈물이 흘렀다.)"

"좋습니다. (손날점을 두드리면서) 따라 하세요. ― 나는 그때 죽음의 두려움을 느꼈지만… 받아들입니다."

"(잠시 따라서 말하고 두드린 뒤에) 지금은 두려움이 좀 줄었네요."

"좋습니다. 자, 위에는 푸른 하늘이 있습니다. 그리고 여기 주위의 단풍을 보셨나요? 단풍이 참 아름답습니다. 그렇죠? 그리고 나는 여기 있습니다. 저기 푸른 하늘과 아름다운 단풍이 있고, 그리고 내가 있습니다. 기분이 어떤가요?"

"그 말을 들으니 편안해지고 단풍이 참 아름답다는 생각이 드네요."

"좋습니다. (다시 함께 타점을 두드리면서) 저 아름다운 단풍이 땅에 떨어지면 어떻게 되죠?"

"썩어서 거름이 되겠죠."

"(계속 함께 타점을 두드리면서) 네, 그럼 다시 봄이 되면 어떻게 되죠?"

"또 새로운 잎이 나겠죠."

"네, 그렇습니다. 계속 두드리면서 따라 하세요. ― 죽음은 끝이 아니다. 저 단풍잎이 떨어져 썩어서 내년 봄에 새로운 잎으로 태어나듯 죽음은 끝이 아니라 새로운 변화일 뿐이다. 하늘은 푸르고 단풍은 빨갛다. 그리고 저 단풍처럼 나도 언젠가는 새롭게 변화할 것이다. 우리는 죽는 것이 아니라 변화한다. 그리고 모든 살아 있는 것은 아름답고 변화한다. 나도 이 속에 있고 변화하고 아름답다. 모든 생명은 변화한다. 죽음은 끝이 아니라 변화다. ― 이제 기분이 어떠세요."

"어? 아까는 정말 눈물이 나고 외롭고 너무나 두려웠는데 이제는 정말 편안하네요. 내가 혼자도 아니고 죽음도 끝이 아니라는 느낌이 들어요. 정말 편안해요."

"좋습니다."

몇 시간 뒤 실습이 끝나고 이분이 소감을 말했는데, 쇼크 이후로 항상 죽음의 두려움을 느꼈던 자신이 이제는 죽음이 자연스러운 현상으로 느껴지고 마음도 덤덤해져 너무나 편안하다고 했다.

"자연에는 순환이 있을 뿐 죽음은 없다."

자연과 우주에 관한
촌철활인

— 바람에서 걸림 없는 자유를 배우고, 허공에서 비움의 충만함을 배우고, 강에서 멈추지 않는 전진을 배우고, 달과 별에게서 영원을 배운다.

— 저 달을 보았던 수십억이 이미 갔고, 지금 보는 수십억도 또 모두 갈 것이다. 잠시 머물 이 세상을 가벼이 살아가라.

— 어떤 물도 바다에 도달하지 못하는 경우는 없다. 물은 자기를 가로막는 산과 바위에 저항하지 않기 때문이다. 바다라는 분명한 목표와 저항에 대한 무심함, 이것이 모든 물이 바다에 도달하는 비결이다. 그러니 바다를 향하는 물처럼 목표를 향해 꾸준히 무심하게 전진하라.

— 주말에 노량진 수산 시장에 회를 사러 갔다. 사장님이 수조 위에서 돔 하나를 회 썰고 있는데, 그 밑에서 살아남은 생선들이 아랑곳하지 않고 유유히 헤엄치고 있었다. 마치 남은 생이 짧아 비참함과 두려움에 바칠 시간이 없다는 듯 유유자적했다. 멧돼지는 겨울의 추위와 굶주림을 걱정하지 않고 여름을 즐긴다. 철새도 돌아갈 어려움을 걱정하지 않고 현재를 누린다. 오직 인간만이 지나간 일과 오지 않은 일을 걱정하고 두려워하느라 정작 중요한 지금 여기를 살지 못한다. 때때로 나

는 동물들에게 머리 숙이고 배운다.

— 쌀은 수확하는 데 1년, 과수는 열매 맺는 데 10년, 금강송은 재목되는 데 100년 걸린다. 사람은 어떨까? 1년 공부하면 겨우 먹고살고, 10년 공부하면 괜찮은 전문가 되고, 30년 공부하면 없으면 안 될 사람되고, 40년 공부하면 도 터서 세상 바꾼다. 그럼 한 60년 공부하면 어떻게 될까? 그러니 일찍 성공했다고, 일찍 성공하겠다고 까불지 마라. 어쩌다 큰바람 한 번 일면 빨리 자란 나무는 다 쓰러지고, 천천히 제대로 속 채우며 자란 나무만 남는다. 10년, 100년, 천 년, 만 년을 보고 가라.

— 태풍도 일주일이면 사라지고 장대비도 하루를 넘기지 못한다. 아무리 힘이 커도 막 쓰면 곧 다하기 마련이다. 집채를 쓸어가는 골짝의 큰물도 기껏해야 한 시간이면 마르지만, 차는 만큼만 비워지는 옹달샘은 100년 천 년 꾸준하다. 그러니 가장 센 힘은 큰 힘이 아니라 절제하는 힘이다. 가장 세지고 싶으면 절제를 배워라.

— 달은 하나지만 달을 보던 수십억의 사람은 다 사라졌다. 산천山川은 그대로인데 인걸人傑은 간데없고, 달은 그대로인데 달을 보던 많은 이들은 간데없다. 바로 이것이 무상無常이다. 달과 별에게서 영원을 깨닫고 내 몸과 세상에서 무상을 깨달아라.

— 삶이 너무 버겁고 세상살이가 너무 벅찰 때 한 번씩 밤하늘의 별들을 보라. 저 수많은 별빛에 마음을 뺏길 무렵 되새겨보라. 지금 이렇게 심각하게 느껴지는 모든 일이 저 수많은 빛나는 먼지들의 먼지들 속에서 일어나는 것에 지나지 않음을.

— 연기가 날리고 깃발이 펄럭이니 바람이 붊을 안다. 바람을 직접 볼 수는 없어도 깃발과 연기라는 현상으로 바람을 짐작하듯 세상과 만물의 운행을 보고 도를 깨닫는다. 어리석은 이는 보이지 않는다고 도를

부정하지만 눈뜬 이는 만물에서 도를 본다.

— 사흘간 제주도에 다녀왔다. 서울에는 산과 들보다 사람이 많고 크지만, 제주의 바다와 한라산은 인간이 감히 넘볼 수 없게 높고 컸다. 사람 앞에 작아지면 초라한데, 자연 앞에 작아지면 위대해진다. 제주도의 넘치는 바람과 산과 바다를 마음에 가득 담으니 나도 바람과 파도와 산이 되었다.

2

"

삶은
가상현실이야,
괴롭다면 깨어나!

"

신경생리학자들은 모든 것이 우리의 뇌 안에서 벌어지는 가상현실이라고 하고, 구
도자들은 모든 것이 우리의 마음속에서 벌어지는 꿈이라고 한다. 곧 현실은 없다.
다만 내가 만드는 가상현실(virtual reality)만 있을 뿐.

판단과 분별

~~~~~

누가 내게 《반야심경》의 핵심을 묻는다면 '무판단'이라고 할 것이요,
또 《기적수업》의 핵심을 묻는다면 역시 '무판단'이라 할 것이요,
또 《장자》의 핵심을 묻는다면 역시 '무판단'이라 할 것이다.

다 나빠?(一體皆苦), 아냐 다 좋아!(一體皆樂)

목마르지 않은 이가 마시는 물은 결코 시원하지 않다. 그저 밍밍하다.
배고프지 않은 이가 먹는 산해진미는 결코 맛있지 않다. 그저 맹숭하다.
힘들게 살지 않는 이에게 편안한 것은 결코 편안하지 않다. 그저 밋밋하다.
고생하지 않는 이에게 즐거움은 결코 즐겁지 않다. 그저 지루하다.

이렇게 보면

물 자체가 시원한 것이 아니라, 갈증이 그 물을 시원하게 만든다.
산해진미 자체가 맛있는 것이 아니라, 배고픔이 음식을 맛있게 만든다.

편안함 자체가 편안한 것이 아니라, 힘듦이 편안함을 편안하게 만든다.

즐거움 자체가 즐거운 것이 아니라, 고생이 즐거움을 즐겁게 만든다.

그러니 모든 낙樂을 낙樂으로 만드는 것은 낙樂 그 자체가 아니라 사실상 고苦다. 이렇게 고와 낙은 서로 반대되지만 고를 경험하지 않고서 낙을 경험할 수 없다는 점에서 인생은 결국 "일체개고一切皆苦(모두 괴로움이다)"라고 할 수 있다.

바로 이런 이유로 세상에서 사람들이 아무리 많이 가져도, 예컨대 재벌과 왕과 스타 연예인과 스포츠 스타가 된다 하여도, 그만큼 더 행복해지는 것은 아니다. 도리어 가장 큰 고苦는 날 때부터 모든 것을 가지는 것이다. 모든 것을 가진 사람이 앞으로 경험할 수 있는 것은 '밍밍함', '맹숭함', '밋밋함', '지루함'밖에 없기 때문이다.

그래서 많은 것을 가진 사람들은 이 지루함을 벗어나기 위해서 종종 도박이나 마약을 한다. 도박이나 마약은 평소에 그들이 얻지 못하던 '짜릿한 즐거움'을 주기 때문이다.

여기까지 내 말을 들은 사람들은 이렇게 생각할지도 모른다.

'인생이 결국 고苦에 불과하다면 왜 살아야 해? 삶에 무슨 의미나 가치가 있어?'

이것을 염세주의(pessimism)라고 하는데 한편으로는 맞는 말이다. 하지만 여러분이 모르는 다른 한편이 더 있다.

물과 산해진미와 편안함과 즐거움을 쾌락으로 만드는 것은 대상 그 자체가 아니라 이런 대상을 받아들이는 주체의 상태 — 갈증, 배고픔, 힘듦, 고생 — 에 있다고 앞서 말했다. 그렇다면 한마디로 좋은 것을 좋게 만드는 것은 좋은 것 그 자체(대상)에 있는 것이 아니라, 좋게 받아들이는 주체의 상태에 달려 있다고 할 수 있다.

주체의 상태를 바로 마음이라고 하는 것이니 바로 여기서 다음과 같은 결론이 나온다.

"일체유심조一體唯心造(모두 내 마음이 지어내는 것이다.)"

우리는 그것이 좋아야 좋아진다고 생각하지만, 사실상 내 마음이 좋아야 좋아지는 것이며, 더 나아가 내 마음이 좋으면 안 좋은 것도 좋아지는 것이다. 그런 면에서 또다시 이렇게 말할 수도 있다.

"일체개락一體皆樂(모든 것이 즐거움이다.)"

이제까지 했던 말을 한마디로 정리하면 다음과 같을 것이다.

"고생 끝에 낙은 있어도 낙 끝에 낙은 없다."

그런데 왜 우리는 이 분명한 사실을 모르고 계속 낙 끝의 낙만을 추구하려 하는 것일까?

예를 들어보자. 많은 사람들이 인사치레로 다음과 같이 말한다.

"좋은 일만 가득하기를 / 항상 기쁨만 가득하기를 / 항상 건강하기를 / 항상 풍요롭기를…."

하지만 이제는 이렇게 항상 좋기만을 바라는 것이 가능하지도 않을뿐더러 항상 좋지도 않다는 것을 알았을 것이다. 이런 말을 한다는 것은 사실상 저주밖에 되지 않는다.

그런데도 왜 우리는 가능하지도 좋지도 않은 '항상 좋음'을 빌어주고 바라면서 도리어 우울하게 살까? 그것은 우리의 의식에 그런 것이 가능하고 그런 것만이 좋다고 믿게 하는 일종의 프로그램(신념체계)이 있기 때문이다.

그럼 에고^{ego}의 신념체계가 어떻게 발휘되는지 여기서 정리해보자. 에고의 신념체계를 떠받치는 가장 큰 전제가 둘 있으니 그것은 바로 판단과 집착이다.

1. **판단(또는 분별)**: 좋은 것은 좋은 것이고, 나쁜 것은 나쁜 것이다.

에고는 끊임없이 사물에 대해서 선악^{善惡}과 호오^{好惡}와 시비^{是非}를 가리려고 하고, 선악과 호오와 시비가 바로 그것의 속성인 것처럼 사고를 진행시킨다. 하지만 앞서 말했듯이 만물의 선악과 호오와 시비를 결정하는 것은 만물 자체가 아니라 바로 만물에 대한 나의 태도다. 만물에 대한 나의 태도를 바꾸지 않고 좋은 것만을 계속 경험할 수 없다. 그런데도 에고는 이런 태도를 바꾸려고 하지 않는다. 그래서 그 결과 에고는 영원히 불만과 고통에 빠질 뿐이다.

2. **집착**: 좋은 것은 유지되고 나쁜 것은 거부되어야 한다.

에고는 만물의 선악과 호오와 시비를 판단한 뒤에 만물의 선^善과 호^好와 시^是, 즉 좋은 것만을 가지고 유지하려고 한다. 하지만 고생 끝에 낙이 있고 낙 끝에 낙이 없다고 했듯, 좋은 것만을 가질 수는 없다. 게다가 만물은 변화하므로 좋음이 안 좋음이 되고 안 좋음이 좋음이 되기 마련이다. 영원히 좋은 것만을 갖겠다는 것은 망상이다. 그래서 결국 에고는 좋은 것만을 가질 수도 없고, 설사 잠깐 가진대도 다시 빼앗기 게 되므로 영원히 고통만 느끼게 된다.

이렇게 에고는 끊임없이 판단하고 집착하며, 그 결과로 얻는 것은 영원한 불만과 투정과 고통뿐이다. 이것이 바로 일체개고一體皆苦의 의미이기도 하다.

한마디로 정리하자.

"당신이 에고의 판단에 따를 때 얻을 것은 영원한 고통뿐이다."

자, 그렇다면 에고의 사고체계에 따르지 않고 사는 법이 있는가. 있다! 에고의 사고체계에 대응하는 참나의 사고체계가 있다. 참나의 사고체계에도 두 가지의 큰 전제가 있다.

1. 무판단(no-judging)

무판단이란 에고의 판단을 내려놓는 것이다. 사물의 선악과 시비와 호오를 판단하지 않는 것이다. 판단하면 판단받는다. 심판받기 싫으면 심판하지 마라.

구체적으로 어떻게 판단을 내려놓아야 할까? 좋은 것은 그냥 좋다 하되, 안 좋은 것은 안 좋다 하지 말라. 그러면 좋은 느낌만이 남을 것이다. 안 좋다고 판단하는 마음이 일어날 때마다 끊임없이 EFT를 하라.

2. 받아들임(acceptance) 또는 내맡김(let-it-be)

받아들임과 내맡김은 에고의 집착을 내려놓는 것이다. 뭔가가 좋다고 판단하면 좋은 것을 계속 유지하려고 하는 것이 에고의 본성이다. 이런 집착이 일어날 때마다 EFT로 지워라. 그러면 한없는 자유를 느끼게 될 것이다.

"사서 고생하라."

"안 좋다고 너무 안 좋아하지 마라."

실컷 이렇게 말했는데도 많은 사람은 "말이야 맞지, 그런데 그게 돼?"라고 하면서 저항하고 거부하게 될 것이다. 이것을 '이해와 느낌의 불일치'라고 한다.

아무리 좋은 말도 내 맘에 와닿아야 나를 바꾸고 움직인다. 이해와 느낌을 일치시키는 가장 좋은 방법은 EFT를 하는 것이다.

즉석
EFT

그러니 다음과 같이 따라 해보자.

문제를 인정하고 받아들이기

- 나는 좋은 게 좋은 것이고 나쁜 것은 그냥 나쁘다고 느끼지만, 어쨌든 이런 나를 이해하고 받아들입니다.

- 나는 무작정 싫은 게 싫고 힘든 게 힘들 뿐이지만, 어쨌든 마음속 깊이 진심으로 나를 이해하고 받아들입니다.

- 나의 에고는 옳은 말을 들어도, 마치 아기가 떼쓰듯 받아들이려 하지 않고 그저 제 맘대로 되기만을 바라지만, 어쨌든 이런 나를 이해하고 받아들입니다.

마음 풀기

- 좋은 것도 나쁜 것도 다 변화한다. 아픔도 쾌감도 모두 변화한다. 좋다고 해도 붙잡을 수 없고, 안 좋다고 해도 영원하지 않다. 나의 에고는 변화를 거부하고 자꾸 붙잡으려고 한다. 나의 에고는 좋은 것만 좋다고 느끼려고 한다. 마치 아기가 이 썩는 줄 모르고 단것만 먹으려고 하듯, 나의 에고는 좋은 것이 좋을 줄로만 안다.

- 하지만 좋은 것이 좋은 것만은 아니다. 그러니 이제 나는 변화를 받아들인다. 지금 안 좋아도 곧 지나간다는 것을 안다. 지금 좋다고 해서 그것이 영원하지 않다는 것도 안다. 나는 이제 에고의 모든 판단을 내려놓는다. 지운다. 비운다. 흘려보낸다. 다시 돌아오지 않는 바다로, 영원히. 에고의 판단을 버린 나는 이제 무한히 자유롭다. 무한히 평화롭다. 무한히 감사하다. 존재하는 모든 것에서 아름다움과 사랑을 느낀다.

탓하지 마라

나는 논어를 몇 번이나 베껴 쓰고 읽었지만, 사실 공자의 가르침을 그다지 좋아하지는 않았다. 나 같은 자유주의자에게 공자의 예禮 사상(격식주의 또는 보수주의)은 정말 고리타분한 냄새가 풀풀 나는 것이었기 때문이다.

그러나 나이가 들수록 공자의 가르침에 점점 마음이 기운다. 특히 《논어》헌문편憲問篇의 다음 구절이 요즘 내 마음을 울린다.

"운명을 원망하지 않으며, 사람을 탓하지 않는다.
이렇게 세상에서 나를 닦아 하늘의 이치에 닿을 따름이다."
(不怨天, 不尤人, 下學而上達)

위 문장에서 인人은 사람과 세상을 뜻하고 천天은 운명을 뜻한다. 하학下學이란 배움을 통해 흔들리는 마음(에고)을 꾸준히 닦는 것이며, 상달上達이란 에고가 사라져 참나(군자의 마음, 불교의 불성, 노장의 도)와 하나가 되는 것이다.

여기서 중요한 것은 하학이상달下學而上達의 기본 전제가 바로 세상과 운명을 탓하지 않는다는 것이다. 다시 말해서 이 세상 어떤 것도 탓하지 않는 경지에 이르러서야 인간은 참나와 하나가 되어 마음의 평화를 얻는 성인(군자)의 경지에 이른다는 점이 핵심이다.

유학은 인간을 군자와 소인으로 나눈다. 군자는 탓하지 않으면서 자신의 삶에 충실하고 소인은 세상과 운명을 탓하느라 자신의 삶에 충실할 여유가 없다.

바로 이 '탓하지 않음'이 '무판단'이다. 우리는 이 세상 어떤 것에도 판단하지 않게 될 때 비로소 마음의 평화를 얻는다.

나는 나름대로 유불도儒佛道와 인도철학까지 섭렵해보았는데, 이것들의 가르침을 한마디로 정의하면 모두 '무판단' 또는 '탓하지 않기'이다. 소인은 탓하고, 군자는 탓하지 않는다. 다시 말하지만 모든 종교와 철학의 핵심은 이것 하나이며, 이것이 바로 내 삶의 화두다.

공자는 인간을 위한 정치를 하고자 평생 중국 전역을 떠돌며 고생했지만 일흔이 넘도록 제대로 등용되지 못했다. 그래서 마침내 "나를 알아주는 이가 없구나!(莫我知也夫)"라는 탄식과 함께 위의 말을 하였다.

세상일에 때를 만나지 못하여 뜻을 이루지 못하고, 불운하여 어려움이 겹치더라도 운명을 탓하지 않는 '불원천不怨天'의 마음과 세상 사람들이 자기를 알아주지 않더라도 사람들을 원망하거나 탓하지 않는 '불우인不尤人'의 마음은 에고를 벗은 사람만이 가질 수 있는 경지다. 공자의 위대함이 바로 이 짧은 말에서 다 드러난다.

요즘 내 EFT의 화두는 이것이다. ― '어떤 나쁜 상황과 조건에서도 판단하지 않기.' 즉 절대적 무판단, 온전한 마음 비움이다. 그래서 나는 매일 틈나는 대로 EFT를 한다.

즉석
EFT

그러니 여러분도 온전한 마음 비움을 위해 다음과 같이 EFT를 해보자.

문제를 인정하고 받아들이기

- 나는 불공정한 세상을 탓하고 비판하고 싶지만, 마음속 깊이 진심으로 나 자신과 이 세상을 이해하고 받아들입니다.
- 나는 못난 나를, 재수 없는 나의 팔자를 탓하고 비난하고 싶지만, 어쨌든 나를, 이 모두를 이해하고 받아들입니다. 탓한다고 내가 팔자가 바뀌지도 않고, 어쨌든 진정한 변화는 이해와 인정과 받아들임에서 시작한다는 것을 이해합니다.
- 나는 조건과 처지를 탓하며 아무것도 하지 않고 있지만, 어쨌든 마음속 깊이 진심으로 이제는 나를 이해하고 받아들입니다.

마음 풀기

- 나는 불공평한 세상을 탓하고 싶다. 못난 나를 탓하고 싶다. 내 팔자 탓을 하고 싶다. 하지만 탓하기는 쉽지만 탓한다고 변하는 거 없다. 탓하지 않는다고 세상과 내가 꼭 바뀐다는 보장은 없지만, 탓하면 확실히 100퍼센트 안 바뀐다. 언제까지 더 나은 세상과 사람과 팔자와 나를 바라면서 탓하기에 빠져 세월을 보낼 것인가. 탓하기만 멈춰도 마음의 평화를 얻는다. 지금 이 순간 마음의 평화만으로도 나는 살 만해진다. 그러니 어쨌든 모든 탓하는 마음을 비운다. 지운다. 내려놓는다. 흘려보낸다. 다시 올라올 때마다 또 비운다. 지운다. 내려놓는다. 흘려보낸다.
- 이제 탓하는 에고가 사라진 내 마음은 무한히 크고 넓고 충만하다. 어느덧 보이지 않던 파란 하늘과 푸른 산이 아름답다. 모두 비우니 모두 아름답다. 탓함을 버리니 사는 게 축복이다. 인생 잘 풀리면 행복하고, 마음 잘 풀리면 초월한다. 그러니 인생이 잘 풀리면 그냥 행복하게 살고, 안 풀려도 마음을 비우니 행복과 깨달음을 모두 얻는다.

떼쓰지 마라

인간은 항상 사물과 경험에 대해 습관적으로 선악의 판단을 내린다. 예를 들어보자.

— 저 사과는 너무 시어서 맛이 없어.
— 홍어는 너무 냄새가 나서 역겨워.
— 저 일은 너무 힘들어서 짜증 나.
— 그 인간은 생각만 해도 소름 끼쳐.

이렇게 우리는 모든 사물과 경험에 대해서 몸의 느낌을 갖게 되고, 이 느낌의 좋고 나쁨으로 사물과 경험의 선악을 판단한다.

그런데 문제는 이 몸의 느낌이 항상 옳지는 않다는 점이다. 예를 들어보자.

— 아이들은 종종 사탕 사달라고 떼를 쓴다. 사탕은 달기 때문에 우선은 좋다. 하지만 설탕을 자꾸 먹으면 이가 썩는다는 사실을 그 순간의 몸은 모른다.
— 공부는 힘들어서 나쁘다. 하지만 공부가 쌓여서 성공을 이뤄낸다는 사실을 그 순간의 몸은 모른다.

이런 식으로 몸에 근거한 사물의 선악 판단은 종종 너무 근시안적이고 협소하고 가변적이다. 그래서 사람들은 우선 좋으면 좋다고 하고, 우선 힘들면 싫다고 하게 되는 것이다.

이런 불안정한 몸의 판단에만 따르는 것을 쉽게 말해서 "떼쓴다"고 한다. 몸이 좋다고 느끼면 막무가내로 집착하고, 몸이 싫다고 느끼면 막무가내로 거부하는 것이다. 그래서 어른이 되는 과정이란 이런 몸의 욕구 또는 떼쓰기를 극복하는 과정이라고 할 수 있다.

더 나아가 깨달음이란 인간이 몸을 가짐으로 인해 생기는 근원적인 떼쓰기를 극복하고 넘어서는 과정이라고 할 수 있다. 그래서 인도에서는 고행을 하고, 장자는 '몸을 잊어버렸던(忘身)' 것이다.

수행이란 바로 이런 떼씀을 극복하는 과정이며, 그 과정은 끝이 없다.

"몸의 수고를 잊어 몸을 잊은 자는 형상의 세계에 집착하지 않는다. 그의 몸은 형상의 세계에 있되, 마음은 형상을 넘어선 세계에서 노닌다. 그러니 진정한 자유를 원하는 자여, 끊임없이 수행하고 단련하라."

이 주제로 내가 써둔 시가 하나 있다. 아래의 시를 함께 천천히 음미하며 읽어보자.

「하나의 예술이 되자.

몸이란 애초에 없던 것.
햇볕이 물과 바람과 흙을 버무려 만든 것.
거품과 구름처럼 때가 되면 다시 모두 사라져 돌아가는데,
왜 이 몸에 그렇게 안달하고 두려워하는가!
바위는 물과 바람에 깎여도 탓하고 힘들어지지 않아,
마침내는 저 갖은 모양의 절경을 만들어내는데,

왜 이 몸의 수고로움에 그리 집착해서
모두가 되다 만 모양으로 끝나고 마는가!

격류에 깎이고 바람에 닦이는 바위처럼
묵묵히 삶의 수고로움에 몸을 맡겨라.
세월의 풍화를 묵묵히 견딘 바위가 절경이 되듯
삶의 수고로움을 묵묵히 견딘 나도 작품이 되리라.

시간이 지나면
바위도 몸도 모두 흙으로 돌아가는 것.
그동안의 수고도 어차피 모두 사라져
다들 하나의 작품으로만 남을 것이니.
그저 사라질 몸과 수고는 이제 잊고
세월이란 조각칼 아래에서 묵묵히 하나의 예술이 되자.」

지금 당장 천국에 가는 법

많은 사람들이 고통 없는 세상을 원한다. 현실에서는 존재하지 않지만 일단 이런 세상을 천국이라고 하자.

고통 없고 즐거움만 있는 세상! 과연 그런 천국이 과연 지금 이 세상에서 가능할까, 아니면 저세상에서만 가능할까? 바로 그 대답에서 일원론과 이원론의 관점이 갈린다.

일원론자는 천국이 바로 이 순간 여기에서만 가능하다고 주장한다.

여기에 해당하는 것이 선불교와 노장사상으로, 선불교는 마음이 판단 없이 지금 여기를 경험하게 될 때 그것이 바로 깨달음이자 불성이자 극락이라고 주장한다. 또한 노자와 장자는 선악과 시비의 판단 없이 지금 여기를 경험하게 될 때 고통 없는 행복을 경험한다고 말한다. 그것이 바로 망아忘我(나를 잊음)와 무위자연無爲自然(애쓰지 않고 저절로 됨)이다.

반면에 이원론자들은 이미 육신의 욕망과 악으로 오염된 이 세상에서는 천국을 경험할 수 없다고 주장한다. 여기에 해당하는 것이 기독교와 조로아스터교와 영지주의靈智主義다.

결국 이 세상의 종교가 아무리 많아도 모든 종교는 두 종류로 구분될 수 있다. 한마디로 일원론과 이원론이다.

내가 보기에 일원론과 이원론의 중요한 차이는 고통에 대한 관점의 차이다. 즉 고통 그 자체를 문제삼을 때 이 세상에 살고 있는 한 모든 생명의 고통은 사라질 수 없으므로 이 세상은 결코 천국이 될 수 없다. 하지만 고통이 문제가 아니라 고통에 대한 관점이 문제라고 생각하게 되면 달라진다.

구체적으로 예를 들어 설명해보자. 30세의 갑돌이는 키가 작은 탓에 콤플렉스가 심해서 연애도 제대로 못하고 괴롭다. 이원론의 관점에서, 갑돌이가 행복해지는 방법은 천국에서 큰 키로 태어나는 것이다. 여기까지는 좋다. 그렇다면 열심히 기도해서 큰 키로 천국에서 태어나기 전까지는 어떡하란 말인가! 그냥 꾹 참을 것인가, 아니면 빨리 죽어서 천국행 급행열차라도 타야 하는가. 바로 이것이 이원론의 결정적인 한계다.

반면에 일원론의 입장에서 논해보자. 갑돌이에게 고통을 일으키는 것은 작은 키가 아니다. '내가 남들만큼 커야 한다'는 생각 자체가 고통을 일으키는 것이다. 반대로 '내가 남들만큼 커야 한다'는 생각이 사라지면 내 키가 얼마든 나는 전혀 고통을 느끼지 않는다. 이것이 노장사상이자 선불교와 같은 일원론의 핵심 가르침이다.

그럼 나의 입장은 무엇인가. 사실 나는 일원론자다. 고통 그 자체가 고통을 일으키는 것이 아니라 고통스럽지 말아야 한다는 생각이 고통스러울 뿐이라고 믿는다.

— 찢어지게 가난해서 고통스럽다? 아니다. 찢어지게 가난하면 안 된다는 생각이 고통을 만든다.

— 암에 걸려서 고통스럽다? 아니다. 암에 걸려서 아프거나 죽으면 안 된다는 생각이 고통을 만든다.

— 사업에 망해서 고통스럽다? 아니다. 사업에 망하면 안 된다는 생각이 고통을 만든다.

— 취직이 안 되어 고통스럽다? 아니다. 취직이 꼭 되어야 한다는 생각이 고통을 만든다.

그러자 여기까지 따라온 어느 독자는 이렇게 반문할지도 모른다.

'그럼 그냥 이 모양 이 꼴로 다 포기하고 폐인같이 살면 행복하다는 것인가?'

그렇다. 적어도 한편으로는 그렇다.

하지만 다른 한편으로는 결코 포기하지 말고 원하는 것을 의도하라. 즉 원하는 것을 의도하되 아직 되지 않았다고 해서 고통스러워하지 말라. 한마디로 집착 없이 원하는 것을 의도하라.

그러면 위의 예들을 다음과 같이 다시 말할 수 있다.

— 찢어지게 가난해서 고통스럽다? 아니다. 찢어지게 가난하면 안 된다는 생각이 고통을 만든다. 그래서 '가난하면 안 된다'는 생각을 버렸더니 편안해졌고, 이제는 무심하게 부자가 되기를 확언한다.

— 암에 걸려서 고통스럽다? 아니다. 암에 걸려서 아프거나 죽으면 안 된다는 생각이 고통을 만든다. 그래서 '암으로 아프거나 죽으면 안 된다'는 생각을 버렸더니 그저 편안해졌고, 이제는 무심하게 건강해지는 것을 확언한다.

— 사업에 망해서 고통스럽다? 아니다. 사업에 망하면 안 된다는 생각이 고통을 만든다. 그래서 '사업에 망하면 안 된다'는 생각을 버렸더니 편안해졌고, 이제는 무심하게 사업 성공을 확언한다.

— 취직이 안 되어 고통스럽다? 아니다. 취직이 꼭 되어야 한다는 생각이 고통을 만든다. 그래서 '취직이 꼭 되어야 한다'는 생각을 버렸더니 편안해졌고, 이제는 무심하게 일자리 얻는 것을 확언한다.

'~해야 한다'는 생각이 고통을 만든다. 이런 생각을 버릴 때 천국을 경험할 것이다. 그리고 이런 천국 속에서 원하는 것을 집착 없이 마음껏 확언으로 창조하라.

문제가 문제야

다음은 사춘기에 접어들면서 격심한 우울증에 빠진 고1 남학생과 10분 정도 나눈 대화다.

"오랜만이네요. 요즘도 우울해요?"

"네. 그냥 그래요."

"우울증을 사랑해요?"

"(황당하다는 표정을 지으면서) 네? 아니요!!!"

"그런데 왜 계속 우울증에 빠져 있어요?"

"어쩔 수 없으니까요."

"저기 지하철역 노숙자들은 왜 저렇게 살죠? 누가 시켰나요?"

"아니요. 자기들이 선택했죠."

"그럼 ○○님은 왜 그렇게 살아요? 누가 우울하라고 시켰나요?"

"네? (또 황당한 표정) 하지만… 그래요… 음… 제가 선택한 부분이 있는 것 같네요. (뭔가 깨달은 듯한 또는 혼란스러운 표정)"

"계속 우울하다가 지겨워지면 다르게 살아도 돼요. 알았죠?"

"이게 그렇게 간단한 건가요? (또 황당한 표정)"

"그럼 뭐가 복잡해요? 무작정 심심한 것보다는 우울한 게 낫지 않나? 잘 가요."

"네, 알겠습니다. (혼란과 깨달음이 뒤섞인 표정으로) 안녕히 계세요."

이후에 이 학생은 자신의 우울증에 대해서 심각하게 생각하지 않게 되었고, 그 결과 약간 우울하다 말다 하면서 점차 좋아지고 있다고 연락해왔다.

다음은 어느 날 또 다른 내담자와 나눈 대화다.

"저는 너무 늑장을 부려요. 항상 마감 시간이 되어야 일을 시작해서 막판에 겨우 마쳐요. 저는 이 버릇을 고치고 싶어요."

"일을 다 마치기는 하나요?"

"네, 하기는 다 하죠."

"그럼 뭐가 문제죠?"

"남들은 다 제때에 미리 다 하잖아요. 이건 안 좋은 습관이잖아요."

"그럼 미리 하면 되잖아요?"

"미리 하면 집중이 안 돼요."

"그럼 몰아서 하면 되잖아요."

"그런데 그건 나쁜 습관이잖아요?"

"누가 나쁜 습관이라고 말했죠? 다른 사람들이 그렇게 말하던가요?"

"아뇨."

"그럼 누구죠?"

"저네요."

"그럼 그렇게 생각하지 마세요."

"그래도 될까요?"

"그럼 나쁜 습관이라고 계속 생각하면서 꾸준히 스트레스받아도 돼요."

"아, 아뇨. 이제는 안 그러고 싶어요. 안 해도 된다고 생각하니 그냥 편안해지네요."

이후로 그녀는 맘대로 편안하게 마감 시간에 몰아치기 하면서 살게 되었다. 내 맘은 내 맘대로고 내 생각도 내 생각대로다.

"때때로 진정한 문제는 문제라는 생각 그 자체다!"

일찍이 석가모니는 세상에는 아무 문제가 없음을, 단지 모든 문제는 내 머릿속에 있을 뿐임을 깨달아 부처가 되었다. 내가 보기에 불법을 한마디로 정리하면 이것이다.

"노 프라블럼NO PROBLEM!!!(아무 문제 없다!)"

그러니 이제 무슨 일이 닥치든 그저 외쳐라.

"N------O PRO-----BLEM!!!"

판단과 분별에 관한 촌철활인

― 피리는 비어서 오묘한 소리가 나고, 마음은 비어야 신묘한 작용을 한다.

― 좋은 것만 좋아하다가는 싫은 게 너무 많아 고통스럽다. 그러니 싫은 것도 좋아하거나 최소한 덜 싫어할 줄 알라.

― 인생은 모두에게 공평하지는 않다. 그것을 아는 길이 공평한 인생을 사는 길이다. 세상과 인생이 불공평해서가 아니라 세상과 인생이 공평해야 한다는 내 생각이 불공평하다는 억울함을 일으킬 뿐이다.

― 때때로 상황이 내 뜻대로 되지 않아도 내 마음은 내 뜻대로 되게 하라. 내 맘도 내 맘대로 못하는 사람이 상황을 내 맘대로 바꾸기는 힘들다.

― 스님들은 마음 닦으러 절에 가지만 나는 마음 닦으러 세상에 나간다. 나에게는 세상이 절이고 세상살이가 마음 닦음이다. 세상살이만큼 고뇌가 많은 것이 무엇이 있으며 그만큼 마음공부가 필요한 것이 무엇이 있으랴.

― 죽어도 보기 싫은 것은 더 보게 된다. 죽어도 하기 싫은 것은 더 하게 된다. 죽어도 못 참는 것은 더 참게 된다. 그러니 모든 것을 있는 그대로 허용할 줄 알라.

― 탓하는 이는 책임지지 않고, 책임지는 이는 탓하지 않는다. 탓하는 이는 변화되지 않고, 변화하는 이는 탓하지 않는다. 변화는 내 삶에 일어난 모든 것을 책임질 줄 알 때 일어난다.

― 세상의 불공평을 개선하기 위해 뭔가 하라. 하지만 그것 때문에 마음의 평화를 깨지는 마라. 평화도 정의만큼이나 중요하기 때문이다.

세상의 상식과 진리

백남준이 말했다. '예술은 사기다.'
내가 말한다. '세상은 사기다.'

바보 나라 이야기

이 우주의 어느 별에 바보 나라가 있었다. 이 나라의 모든 사람은 바보였는데, 크게 두 종류로 구분되었다. 하나는 자기들이 바보인 줄 모르는 바보로 일명 '확신 바보'라고 한다. 이 확신 바보가 이 나라의 국민 대다수를 차지하는데 이들은 또 크게 세 종류로 나뉜다.

첫째는 자신의 유능과 유식을 확신하는 바보들로 바보 나라의 기득권을 형성하고 있다.

둘째는 자신의 무능과 무식만을 확신하는 바보들로 바보 나라의 하위 10퍼센트를 형성하고 있다.

셋째는 어느 것도 확신하지 못해 세상의 상식만을 진리로 확신하고 쫓아다니느라 우왕좌왕하는 일반 서민 바보들로 80퍼센트 정도가 이에 속한다.

또 하나는 수많은 반성과 성찰과 질문 끝에 자기가 바보라는 것을 깨달은 바보로 일명 '깨달은 바보'라고 하는데 정말 극소수다. 깨달은 바보는 항상 "나는 내가 모른다는 것을 안다"고 말하기에 확신 바보들에게 비웃음을 종종 산다. 확신 바보들은 그들을 보며 이렇게 생각하기 때문이다.

'쟤는 진짜 바보인가 봐. 내가 이렇게 두 눈으로 멀쩡히 보고 의심 없이 확신할 수 있는 것들도 모른다고 하니. 참 한심하군.'

이런 확신 바보들의 비웃음에도 깨달은 바보들은 저의 길을 꿋꿋이 갈 뿐이다. 왜냐? 이 세상은 바보들의 세상이고 자신도 얼마 전까지 그들 중의 하나였음을 깨달았기 때문이다. 게다가 바보들에게 칭찬과 인정받는 것이 뭐 그리 대단한 일이며 험담을 조금 듣는다 한들 그게 무슨 대수랴!

1. 바보 나라의 학자들

이 나라의 학자들은 많은 책을 쓰고 많은 이론을 제시한다. 그런데 그들의 이론과 책은 너무 어려워 이해하기 힘들다. 그 이유는 간단하다. 일반 바보들이 그들의 책과 이론을 이해하는 것은 학자 바보들이 원하는 바가 아니기 때문이다. 일반 바보들이 몰라서 기가 죽어야 학자 바보들을 존경할 테니까.

그래서 학자 바보들은 이해보다는 몰이해를 위해 책을 쓴다. 한마디로 그들의 서술 목적은 이렇다.

'일반 바보들이 이해하지 못할 이론을 책으로 써라. 그래서 그들이 자신들의 무지를 깨닫게 하라. 그다음에는 이제 존경을 받아라.'

이 나라에서 학자들은 누구에게나 권장하지만 아무도 읽지 않는 책을 "고전"이라고 부른다. 왜 고전이 필요한지 아무도 묻지 않는다. 그리고 아무도 고전을 안 읽지만, 학자들은 열심히 고전을 추천한다.

또한 많은 학자들이 현실과 동떨어진 이론을 제시하기도 한다. 한번은 어느 경제학자들이 투자 회사를 차려 자신들의 이론대로 투자하다가 쫄딱 망하기도 했는데 그들은 노벨경제학상 수상자였다. 이 나라에서는 현실과 동떨어진 이론일수록 인정을 많이 받는다.

2. 바보 나라의 정치 제도

바보 나라에서는 다수결로 왕을 뽑는다. 이렇게 해서 뽑힌 바보를 "왕바보"라고 한다. 바보들이 모여 바보를 뽑는 이 제도를 그들은 "민주주의"라고 부른다. 이렇게 뽑힌 왕바보는 바보 국민들의 기대에 어긋나지 않게 종종 왕바보 짓을 하게 된다. 그럴 때마다 바보 국민들은 손뼉 치고 찬성한다.

한번은 왕바보가 이 나라의 모든 강을 운하로 만들겠다고 하자 바보 국민들이 참 드물게도 환경을 살리자며 가열차게 반대했다. 그러자 왕바보는 이에 너무 놀라고 두려워 이 사업의 이름을 '강 살리기'로 바꿔 다시 추진했더니 다들 손뼉 치며 좋아했다.

3. 바보 나라의 종교

하느님이 바보 나라에 인간으로 환생하셔서 설법을 하게 되었다. 확신 바보들은 모두 외면하고 깨달은 바보들만이 하느님의 곁에 모여들었다. 처음에는 수가 적어 무시했는데 점차 수가 늘자 확신 바보들, 특히 기득권 바보들이 위협을 느끼기 시작했다. 왜냐하면 하느님이 "너희는 바보다. 깨어나라"고 했기 때문이다.

그들은 체제를 위협하는 하느님을 처음에는 이단이라고 핍박하다가 나중에는 국가보안법에 의해 체제 전복을 기도하는 자로 구속하여 사형을 선고하였다. 인간 하느님은 순교하시는 순간 이렇게 외쳤다.

"하느님! 저들을 용서하소서. 저들은 저들이 바보인 줄 모르나이다."

4. 바보 나라의 의료

혈압약 판매가 저조해지자 제약사가 꾀를 하나 냈다. 의사 몇을 구워삶아서 고혈압의 기준을 160에서 140으로 낮추는 논문을 발표하고, 고혈압은 약물치료 없이 절대로 낫지 않으며 게다가 평생 복용해야 한다는 이론을 정설로 받아들이게 만들었다. 의사들도 당연히 이득이 되므로 이에 따랐고, 곧 바보 나라의 국민 대다수가 나이 30세만 넘으면 혈압약을 밥 먹듯 먹게 되었다.

이에 재미를 붙인 제약사와 의사들은 조만간에 모든 질병의 기준을 대폭 완화시켜 전 국민을 환자로 만들 궁리만 하게 되었고, 상당한 성공률을 보여 그 결과 보험 재정이 갈수록 눈덩이 적자를 보이고 있다.

한편 바보 나라의 의사들은 치료에 실패하는 일이 잦아지자 모두 모여 담합을 했다. 자기들이 치료하지 못하는 병을 '불치병'이라고 정의하여 교과서에 싣기로 한 것이다. 그래서 환자들이 왜 안 낫느냐고 물으면 그들은 이렇게 답한다.

"그건 원래 불치병이에요. 그러니 죽을 때까지 평생 우리에게 치료받으세요."

그런데 바보 나라의 국민은 왜 치료도 안 되는 병을 치료도 못하는 사람에게 자기 돈 줘가면서 평생 치료받아야 하는지 도통 따지지를 않는다. 바보 나라에는 불치병이 있을 뿐이지 무능한 의사는 절대 없다.

5. 바보 나라의 교육

이 나라에서는 학생의 성적이 부진하면 교사가 "학습장애 아동"이라고 말한다. 그러나 사회나 부모가 교수법 장애인지 학습장애인지 따져 묻지는 않아서, 오직 장애아가 있을 뿐이지 장애 교사는 절대로 없다.

그래서 '절대성 이론'이라는 20세기 최대의 과학 이론을 발견한 아인쉬타잉이란 학자도 학교에서는 낙제를 했다. 이외에도 이 사람처럼 뛰어난 재능이 있음에도 학교와 교사와 사회의 무지로 인해 '학습장애아'로 낙인찍혀 바보로 살아가는 사람이 얼마나 되는지 잘 모른다.

창의적인 아이들은 틀에 박힌 교육과 늦어지는 진도에 싫증을 내기 마련이다. 이런 애들이 자꾸 생겨 교사가 피곤해지면 교사는 학부모를 조용히 불러 말한다.

"아이가 주의력 결핍장애인 것 같으니 병원에 한번 가보세요."

이에 놀란 학부모가 아이를 병원에 데리고 가면 의사는 당연히 그렇게 진단 내린다. 그래서 교사와 부모와 의사에 의해 졸지에 주의력 결핍장애 아동이 되어버린 그 창의적인 아이는 약에 취해 얌전하게 졸기만 하다가 한 1년쯤 지나면 진짜 바보가 되어버린다.

주의력 결핍장애는 참 좋은 병이다. 교사는 교육 책임이 면제되고, 의사는 돈 벌고, 부모는 고민할 필요가 없어지니까. 바보 나라에는 학습장애아는 있어도 교수법 장애 교사는 절대로 없다. 문제아는 있어도 문제 부모는 절대로 없다.

6. 바보 나라의 경제

바보 나라의 경제는 시장경제다. 이 나라의 경제학자들은 시장경제가 모든 문제를 해결할 수 있고 최상의 제도라고 입을 모은다.

바보 나라의 주식은 고구마다. 그런데 어느 화공회사가 유전자 조작 고구마를 만들어냈다. 이 고구마의 종자 이름은 '끄떡 안 해'인데, 이 회사가 만든 '다 죽여'라는 제초제에 내성이 있다. 그래서 '다 죽여'를 밭에 한 번 뿌리면 모든 식물과 해충이 다 죽어버리지만, 여기다 '끄떡 안 해'를 심으면 아무런 고생 없이 쉽게 수확할 수 있다.

처음에 이 회사는 '끄떡 안 해'가 임상실험 결과 절대 안전하다고 주장했는데, 점차 부작용이 드러나게 되어 소비자들의 항의가 정부에 접수되기 시작했다. 그러자 이 회사는 그 나라의 식품의약국 간부들을 로비로 매수해버렸고, 식품의약국은 마침내 이 고구마가 절대로 안전하다고 발표하게 되었다. 그리고 얼마 후에 그 의약국 간부들은 퇴사하여 모두 이 회사로 들어가 고액 연봉을 받게 되었다.

그들이 이렇게 하는 이유는 간단하다. 새 제품을 개발하는 것보다는 관련 관리들을 매수하는 것이 더 싸기 때문이다.

이 나라의 국민은 힘겹게 국민 주권을 얻어냈지만, 시장경제는 주권도 돈으로 사고 팔리는 것으로 만들어버렸다. 그래서 마침내는 다국적 기업이 주권을 다 사버렸다.

바보 나라에서는 선거철만 되면 모든 후보자가 자기가 경제를 살리겠다고 말하고 이 중 믿음이 가는 몇 명이 실제로 당선된다. 하지만 그들 중에 경제를 알거나 살린 사람은 사실 아무도 없다.

어쨌든 후보자들은 경제를 모르지만 모두 경제를 살리겠다고 하고 국민들도 경제를 잘 모르지만 어쨌든 이들 중 하나를 뽑는다. 그래서 경제가 항상 그냥 그 모양 그 꼴이다.

형상과 에고에 집착하는 세상에서 스스로 생각하는 법을 배우기란 쉽지 않다. 세상은 끊임없이 두려움을 퍼뜨리고 세상의 지식이 이 두려움을 해결해줄 수 있는 것처럼 말한다.

제도화된 종교와 정치와 전문가들이 자신들만이 문제를 해결할 수 있는 것처럼 끊임없이 인간을 세뇌시키는 세상에서 스스로 생각하고 행동하는 사람이 되기는 쉽지 않다. 세상과 우주와 진리에 대해 끝없이 의문과 질문을 던진 뒤에야 겨우 스스로 생각하고 판단할 수 있게 된다.

우리는 진리에 대해서 두 가지의 태도 중 하나를 선택할 수 있다. 진리의 노예가 되거나 진리의 주인이 되거나.

"스스로 생각할 수 있을 때까지 너는 세상에 지배당할 것이다. 마침내 스스로 생각하는 자는 진리의 주인이 되리라."

내가 존경하고 사랑하고 열심히 탐구했던 버트런드 러셀은 〈자유주의자의 십계명〉이란 제목으로 다음과 같은 신조를 발표한 적이 있다. 나는 이 십계명이 '바보 나라에서 살기 위한 십계명'이라고 생각한다.

1. 어떤 것도 절대적으로 맹신하지 마라.
2. 증거를 감추고서 믿음을 주려고 하지 마라. 증거란 반드시 드러나기 마련이다.
3. 사고하는 수고를 행여나 포기하지 마라. 반드시 성과를 얻게 되니까.
4. 반대자에 부딪힐 때, 심지어 그가 가족이라도 논리적으로 설득하

지 권위로 억누르지 마라. 권위에 의지하는 승리는 비현실적이고 환상이기 때문이다.

5. 남의 권위에 복종하지 마라. 언제나 상반되는 권위가 있기 마련이다.

6. 힘으로 당신이 나쁘게 여기는 의견을 억누르지 마라. 그렇게 하면 그들의 의견에 다시 억눌리게 될 것이다.

7. 별다른 의견을 갖는 것을 두려워 마라. 지금 받아들여지는 모든 의견도 한때는 별다른 것이었다.

8. 수동적인 합의보다 이성적인 견해 차이에서 더 많은 즐거움을 찾아라. 당신이 이성을 마땅히 존중한다면 이성적 견해 차이가 수동적 합의보다 결국 더 깊은 합의를 일으키게 된다.

9. 진실이 불편하더라도 꼬장꼬장하게 진실을 지켜라. 진실을 감추려는 노력이 더 불편하기 때문이다.

10. 바보들의 낙원에서 사는 이들의 행복을 샘내지 마라. 오직 바보만이 그것이 행복이라고 생각하기 마련이니까.

세상의 모든 주의, 주장이란 장님이 주장하는 코끼리의 모습과 다를 게 무언가!

세상의 상식과 진리에 관한 촌철활인

— 진리는 기성복일까 아니면 맞춤복일까? 너무나 많은 사람들이 주어진 진리의 기성복에 자신의 몸을 맞추려고 고생하는 게 보인다. 그런데 나는 그냥 내 몸에 맞는 진리를 걸치고 살련다. 그대들의 기성복 진리가 아무리 화려하다 해도.

— 경제학이 말하지 않는 불편한 진실.

1. 경제학과 경제는 다르다. 그러니 경제학자가 경제 살릴 거라 기대하지 마라.

2. 모든 정치인이 경제를 살리겠다고 하지만 물어보면 경제가 뭔지 모른다. 그러니 그 주장이 사실일 거라고 기대하지 마라.

3. 모든 일류 경제학자들을 모아놓아도 의견의 일치는 나오지 않는다. 따라서 경제에 답이 있다고 생각하지 마라.

4. 경제학의 외부효과는 경제학 자체에도 적용된다. 경제가 경제학만으로 해결이 될까? 경제에는 심리학, 종교, 철학, 문화 등이 모두 결부된다. 경제가 경제학으로 해결된다고 기대하지 마라.

결국 한마디로 말하면, 경제학에는 경제가 없다.

— 의사가 말하지 않는 불편한 진실.

1. 의사는 건강이 아니라 질병을 원한다.

2. 의사는 약을 끊게 만드는 것이 아니라 평생 먹이기를 원한다.

3. 의사는 약과 수술 없이 병이 치료되기를 원하지 않는다.

4. 병원은 환자가 줄기보다는 늘기를 원한다.

5. 검진의 목적은 질병 예방이 아니라 환자 창출이다.

6. 병원이 병원균 집합소다.

7. 모든 약은 독이며 약으로 건강해질 수 없다.

8. 자기들이 못 고치는 병이 다른 방법으로 될 수 있다.

9. 의사는 병의 전문가이지 건강의 전문가가 아니다. 자기들도 결코 건강하지
   않다.

10. 의사는 진단에 능하지 치료에 무능하다. 때때로 진단에도 무능하다.

— 상식이란 좋은 게 좋고 안 좋은 게 안 좋은 줄로만 아는 것이다.
반면에 지혜란 좋은 게 안 좋아질 수도 있고, 안 좋은 게 좋아질 수도
있음을 아는 것이다. 상식은 집착하게 만들고, 지혜는 초월하게 만든다.
상식은 한쪽만 보고, 지혜는 양쪽을 다 본다.

— 세 종류의 사람이 있다. 세상을 지배하는 자, 세상에 지배당하는
자, 세상을 초월한 자. 잡스는 간 이식 수술을 받으면서도 아이패드를
챙겼다. 그는 죽음(세상)을 초월했고, 그 순간 세상을 지배했다. 세상을
지배한 자도 초월한 자를 지배할 순 없다.

— 군중심리란? 혼자서는 똑똑한데 모아놓으면 집단 바보가 되는 현
상. 공동책임은 무책임이고 공동지식은 무식이 되기 때문이다. 현명한
리더가 없는 집단을 만들면 그들 중 최저 지능이 집단의 평균이 된다.

종교

~~~

미국에서 에이즈 환자들과 그들이 믿는 종교의 상관성을 연구했다.
같은 기독교이지만 사랑의 하느님을 믿는 환자들은 치료 경과도 좋고 완치도 되었다.
반면에 심판의 하느님을 믿는 환자들은 치료 경과도 나쁘고 완치된 사람이 한 명도 없었다.
이렇게 종교는 우리를 살릴 수도 있고, 죽일 수도 있다.

내가 생각하는 하느님

1. 하느님은 판단하지 않는다.

그래서 하느님에게는 죄도 벌도 없다. 다만 인간들이 하느님의 죄와 벌을 빙자하여 지들끼리 사기 친다.

2. 하느님은 나를 있는 그대로 사랑한다.

하느님은 믿고 안 믿고의 조건을 따지지 않는다. 하느님은 무조건으로 인간과 만물을 사랑한다. 다만 인간들이 하느님의 사랑을 조건부로 팔아먹는다.

3. 하느님은 언제나 내게 힘을 준다.

다만 인간이 요구할 때에만 그렇다. 기도는 하느님에게 힘을 요구하는 최고의 방법이다.

4. 하느님은 그림자처럼 언제나 내게 있다.

하느님은 인간들이 외로워하기를 바라지 않고 당신의 존재를 느끼기를 바라는데 인간들이 도통 안 들어먹는다.

5. 하느님은 인간과 만물의 자유를 존중한다.

그래서 인간들이 하느님을 빙자해서 사기 쳐도 내버려둔다. 하느님은 정말 너무나 관대하다.

6. 하느님은 지옥을 만들지 않는다.

그래서 천국도 구원도 없다. 단지 인간들이 심심해서 지들 마음에 지옥을 만들어서 아우성친다.

7. 깨달음이란 이런 하느님의 모습을 닮는 것이다.

만일 하느님이 이렇다면

1. 중개인보다는 직거래를 선호한다면

중개료가 좀 더 싸지고 하느님이 필요할 때 언제라도 편하게 만나지 않을까? 그래서 직거래가 활성화되면 종교 중개로 먹고사는 종교 집단은 모두 사라지고 모든 가정이 교회나 사찰이 되지 않을까? 이렇게 해서 남는 막대한 시주나 십일조는 생명운동이나 사회복지에 사용되어 사회복지 수준과 환경 수준이 무섭게 좋아지지 않을까?

2. 무게 잡기보다는 유머를 알았더라면

신성모독죄나 비싸고 엄숙한 제사와 의례는 모두 사라지고, 하느님도 노무현 대통령처럼 필요하면 언제라도 씹을 수 있는 존재가 되고, 하느님도 말 안 듣는 인간을 같이 씹으면서 웃지 않을까? 게다가 하느님을 제일 잘 웃기는 순서대로 천당이나 극락에 간다고 하느님이 말한다면 이 세상에 유머감각이 넘치고 교회와 사찰에도 웃음이 넘치고 코미디언이나 개그맨이 스님이나 신부가 되지 않을까?

이런 하느님이 만든 지옥은, 절대 웃지 않는 사람들끼리 모여서 평생 진지하고 엄숙하게 인상 쓰면서 살아가는데, 자신이 웃거나 남을 웃길 때까지 절대로 빠져나갈 수가 없는 곳일 것이다.

3. 토론과 논리를 좋아한다면

하느님은 무조건 믿으라고 하지 않고 어떤 질문에든 이해될 때까지 답을 할 것이고, 신부나 스님들도 믿음보다는 이해를 강조할 것이다. 진리는 믿지 않아도 자명하게 이해되는 것이므로 서로에게 자신의 믿음을 우겨댈 일도 없어질 것이다. 그래서 이해보다는 믿음을 강조하는 종교는 저절로 사라지고 만유인력의 법칙처럼 자명한 법칙을 하느님의 법칙으로 누구나 받아들이고 믿게 될 것이다. 종교는 믿음의 대상이 아니라 이해의 대상이 되어 안 믿으면 지옥 가는 것이 아니라 그저 바보가 될 뿐인 세상이 되지 않을까?

4. 긍정적으로 "하지 말라"가 아닌 "하라"를 제시한다면

"~하지 말라"고 하니 사람들은 더 하고 싶어진다. 그래서 결국 참다 참다 나중에 폭발하면 죄인이 되어버린다. "~하지 말라"고 하면 더 하기 마련이다. "간음하지 말라"고 하니 더 꼴리게 된다. 차라리 이런 명령은 어떨까? "행복하게 살 줄 알라 / 너그럽게 살 줄 알라 / 용서하면서 살 줄 알라 / 받아들이면서 살 줄 알라 / 감사하면서 살 줄 알라" 등등. 그러면 범죄가 더 줄고 오히려 조금이라도 더 선행을 하고 세상도 더 밝아지지 않을까?

"나는 친근하고 유머 있고 논리적이고 긍정적인 하느님을 사랑한다. 이런 하느님, 멋지지 않은가!"

정통과 이단

옛날에 우산 장수 부족과 아이스크림 장수 부족이 살았다. 우산 장수 부족은 우산 신을 믿었고, 아이스크림 장수 부족은 아이스크림 신을 믿었다.

그들은 서로 자기네 신을 믿으면서 날씨가 자기들에게 유리해지기를 빌었다. 한동안은 날씨가 특별히 한 부족을 편드는 것 같지 않아 그들은 서로 자기네 신이 더 우월하고 심지어는 자기네 신만이 유일신이라고 주장하면서도 세력의 균형을 유지하며 살 수 있었다.

그러다 어느 한 해에 갑자기 심하게 비가 많이 내렸다. 우산 장수 부족은 좋았지만 아이스크림 장수 부족은 정말 불리했다. 아이스크림이 하나도 안 팔려 굶어 죽을 지경이었다. 그래서 그들은 제발 날씨가 맑아지게 해달라고 손이 발이 되게 몇 달이나 기도를 했지만 별 효과가 없었다.

그러던 어느 날 아이스크림 장수 부족의 장[長]이 중대 결단을 했다.

"부족민들이여, 우리의 신은 더 이상 힘이 없거나 존재하지 않는다. 그러니 우산 신을 믿자."

이렇게 그들이 우산 신을 믿고서 우산을 팔게 되자 더 이상 생계의 어려움은 없었다. 게다가 원래의 우산 부족도 드디어 자기네 신을 믿게 된 이들을 처음엔 한 부족처럼 여기고 잘 대해주었다.

다시 얼마간의 시간이 흘렀다. 모두가 하나의 신을 믿으면 그저 좋을 줄 알았는데, 의외로 우산 판매 경쟁이 치열해지면서 점차 먹고살기가 팍팍해졌다. 그러자 우산 부족과 옛 아이스크림 부족 간에 은근한 갈등이 생겨나기 시작했다.

우산 부족은 이렇게 주장했다.

"아무리 우산 신을 똑같이 믿는다 해도 쟤들은 원래 아이스크림 신을 믿던 놈들이잖아! 게다가 감히 우산 신을 아이스크림 신을 모시던 방식으로 모시다니? 쟤들은 이단이야."

이런 비난에 옛 아이스크림 부족은 종교 혁명을 일으켰다. 그들은 이렇게 주장했다.

"우산 부족은 우산 신에게서 너무나 멀어졌다. 너희가 사고파는 사면권은 원래 〈우산경〉에 있는 내용이 아니며, 우산 신의 탄생일도 알고 보면 아이스크림 신의 탄생일에서 따온 것이다. 빨간 우산의 성모도 원래 초코 아이스크림의 성모를 모방한 것이다. 그러니 너희는 우산 신의 원래 모습을 다 잊어버렸다. 우산 신은 이제 우리를 신의 부족으로서 새로이 뽑으셨다. 신의 계시가 우리에게 있다."

이렇게 되자 옛 아이스크림 부족을 이단이라고 매도하는 우산 부족과 자기들이야말로 신이 새로 뽑은 정통이라고 주장하는 아이스크림 부족 간에 끝없는 다툼이 벌어졌다. 수많은 시간이 흘렀지만 정통과 이단 논쟁은 지금까지도 판가름나지 않았고, 생존 경쟁이 치열해짐에 따라 점점 더 많은 정통과 이단이 파생되고 있다고 한다.

신이 있느냐, 없느냐가 문제가 아니다. 부처님이 신이냐, 아니냐가 문제가 아니다. 깨달았느냐, 못 깨달았느냐가 문제가 아니다. 유일한 문제는 하느님(또는 여호와든 부처님이든 알라든)을 나에게 끼워 맞출 것인가, 아니면 나를 하느님에게 끼워 맞출 것인가다.

종교는 때때로 깡패다

언젠가부터 나의 어머니는 가족의 평안을 빌기 위해 불교를 믿었다. 하지만 《반야심경》이나 《금강경》을 이해하는 깨우침의 불교가 아니라, 경전 내용과는 무관하게 그저 빌기만 하는 일종의 기복 샤머니즘 불교라고 말하는 게 더 맞을 것이다. 국졸이 학력의 전부인 어머니에게 불교는 이해하기 너무 어려운 종교일지도 모른다. 하여튼 어머니는 여기저기 동네 암자부터 유명한 사찰까지 한 번씩 들러서 절을 하고, 기도를 하고, 누가 종교를 물으면 불교라고 답한다.

30년 전쯤, 내가 중학생 정도였을 때의 일이다. 하루는 엄마가 다니는 동네 절의 보살이 우리 집에 들렀다. 그런데 형색과 말투가 여느 보살과 달랐다. 내가 옆에서 보아하니 이 보살이란 사람은 60대 할머니였는데, 명색은 절이지만 실상은 무당집을 차려놓고 점도 봐주고 복 달라고 대신 기도도 해주면서 연명하는 사람으로 보였다. 한마디로 관우 장군 대신에 부처님을 모시는 점집 겸 무당집의 사장님이었던 것이다.

아마 전국에 이렇게 명색뿐인 절집을 운영하는 사실상 무당집이 상당히 많을 것이다. 내 기억에 내가 살던 부산 산동네에도 이런 절집이 여러 개 있었다. 특히 이런 절집은 교육 수준과 경제 수준이 낮은 곳에 많이 몰려 있는데, 그런 곳에 내 어머니와 같은 사람이 많기 때문일 것이다. 삶이 너무 팍팍해서 믿을 구석이 필요한데, 종교를 이해할 만한 시간적·지적 여력이 없는 사람에게는 이런 절집들이 나름의 역할을 하는지도 모르겠다.

엄마는 그때 한동안 이 보살 할매의 절에 다녔던 모양이다. 그래서 그날 이 보살 할매는 일종의 고객 관리를, 기독교 용어로 하면 심방을 하러 왔던 것이다.

그런데 그날 이 보살이 털어놓은 이야기들이 참 가관이었다. 그중의 한 대목을 뽑으면 다음과 같다.

"감천 바닷가에 사는 개똥이 엄마 알지? 내가 그 사람한테 올해 삼재가 들고 큰일이 생길 게 보이니까, 절에서 돈 좀 들여서 기도 한 번 하라고 했는데 돈 없다고 안 했잖아. 그러다 한 달도 안 돼서 아들이 정말 교통사고가 나서 크게 다쳤잖아. 그제야 나한테 와서 사정사정하길래, 다시 기도를 했더니 이제는 아들도 다 낫고 집에서 쉬던 아저씨도 취직해서 잘살잖아."

이외에도 여러 이야기를 쏟아냈는데, 그 모두가 공통적인 구조를 갖고 있었다. 정리하면 이렇다.

"갑돌이가 내가 시키는 대로 안 하더니 다치거나 돈을 잃었다. 그러다 다시 반성하고 내가 시키는 대로 했더니 다시 일이 잘 풀렸다."

이거 어디서 많이 듣던 레퍼토리가 아닌가! 내게 상담하러 오는 사람들 중에도 점집과 무당집에 다녀온 사람이 많다. 그들의 이야기도 대충 정리하면 레퍼토리가 똑같다.

"~하거나 ~하면 안 좋아. ~할 안 좋은 운이 있어. 그러니 이거 풀려면 내가 시키는 대로 부적을 받거나 굿을 해."

절과 점집과 무당만 이런 레퍼토리를 쓰는 건 아니다. 고생고생하다가 장사해서 돈 좀 번 이모가 한 분 있는데, 이분은 기독교 신자였다. 그런데 오래전에 내가 한의원 개원식을 할 때 찾아와서 다짜고짜 이렇게 말했다.

"하나님을 믿어야 해. 우리도 하나님 믿기 전까지는 고생만 하다가 하나님 믿으니까 이렇게 돈 잘 벌잖아. 너도 하나님 믿고 교회에 나가면 하나님이 팍팍 밀어주셔. 하나님 안 믿으면 죄 받고 지옥 가."

심지어 어느 목사는 이런 식의 설교를 한다.

"우리 교회 안 다니고 다른 교회에 가면 지옥 가요."

나의 사무실이 있는 명동 한가운데에는 몇 년째 "예수천국 불신지옥"이라고 적힌 큰 현수막을 걸고서 고함을 쳐대는 사람이 있다. 나는 그걸 볼 때마다 영화 〈친구〉의 장동건의 대사를 떠올리며 속으로 이렇게 외친다.

"니나 가라, 지옥. 이미 마이 보냈다, 아이가!"

다행히 엄마는 기복 신앙이 있어도 나름 합리적인 분이라, 재수가 없다며 더 이상 그 절에 가지 않았다. 아마도 무의식적으로 '종교란 모름지기 믿어서 마음이 편해져야지 마음이 불편해지면 안 된다'고 판단하셨던 듯하다.

겉모습이 어떻든 이들의 논리 구조에는 모두 공통점이 있고, 그것은 다음의 한 문장으로 정리할 수 있다.

"내가 시키는 대로 해. 안 그러면 콱 재수 없어. 시키는 대로 해야 잘

돼."

그런데 이런 논리의 힘은 "시키는 대로 해야 잘돼"보다는 "안 그러면 콱 재수 없어"에 있다. 믿어서 잘되는지는 잘 모르겠고 확인할 수도 없지만 시키는 대로 안 하면 큰일 날 것 같은 두려움, 바로 이 두려움이 사람들 마음을 현혹시키는 것이다.

이 논리에 빠지면 잘되는 것은 둘째 문제고, 큰일이 안 나기 위해서 일단 시키는 대로 할 수밖에 없게 된다. 이렇듯 종교는 먼저 두려움을 주고, 다음에 그럴듯한 보상을 약속하며 인간을 지배한다.

"의사는 환자 만들어서 약 팔고, 종교는 죄인 만들어서 천당 판다."

의사가 약을 팔려면 먼저 병이 있어서 죽을 줄 모른다는 두려움을 주어야 환자가 말을 듣는다. 마찬가지로 교주가 천당을 팔려면 먼저 지옥의 두려움을 리얼하게 일깨워야 교인들이 말을 듣는다. 그래서 상당수 종교의 목적은 인간을 구원하는 것이 아니라 사실상 인간을 지옥(두려움)에 빠뜨리는 것이다. 그래야 지배할 수 있으니까.

실제로 나에게는 각종 종교를 믿다가 구원을 얻기는커녕 심판과 지옥과 저주의 두려움에 빠져 정신적으로 문제가 생긴 사람들이 자주 찾아온다. 그중에는 그 종교의 지도자급으로 거론되는 사람들도 있었다. 식자우환識字憂患이라고 자기 논리에 자신이 빠진 셈이다.

여기까지만 보면 종교가 마치 시장통 깡패와 다를 게 없지 않은가.

"내가 시키는 대로 하고 자릿세만 내. 그러면 내가 보호해줄게."

과연 종교의 본질이 시장통 깡패에 불과한 것인가. 사실 이것이 종교의 본질은 아니다. 예수는 제사장 계급의 엄격한 율법주의를 깨고 사랑의 하느님을 선포했고, 석가는 브라만의 제사 중심주의를 깨고 보편적인 깨달음을 전파했다. 율법주의나 제사 중심주의나 알고 보면 모두 앞서 말한 "내 말 안 들으면 재미없어"라는 이론이었다. 유대 제사장들은 그들의 율법에 의해서만 구원받고, 인도의 브라만들은 그들의 제사에 의해서만 윤회를 벗는다며 백성을 협박했기 때문이다.

결국 정리해보면 예수나 석가의 가르침의 본질은 이런 시장통 깡패 종교를 깨고 누구나 구원받고 깨달을 수 있다는 가르침이었다. 한마디로 예수나 석가의 위대성은 기존 종교의 깡패주의를 깨뜨렸다는 점이다. 그러나 아쉽게도 2천여 년이 지나면서 그분들의 위대한 가르침은 그분들이 깨뜨렸던 바로 그 "말 안 들으면 재미없어"로 다시 환원되어 버렸다.

그러니 종교의 진정한 본질은 어느 종교를 믿느냐가 아니라 종교에 상관없이 무엇을 가르치느냐다. 깡패 종교는 두려움과 복종을 가르칠 것이고, 진정한 종교는 사랑과 자유를 가르칠 것이다.

너의 뇌를 포맷하라

나는 한때 종교가 진리라고 생각했다. 하지만 이제는 달리 생각한다. 어떤 종교도 진리 자체는 아니다. 다만 진리를 가리키는 손가락일 뿐이다. 문제는 상당수의 종교가 스스로를 진리 그 자체라고 주장한다는 점이다.

인류의 역사에는 항상 종교적·사상적 근본주의가 존재했다. 그런데 재미있는 점은, 근본주의가 나머지를 다 몰아내고 통일에 성공하자마자 곧장 자체 분열이 시작된다는 것이다. 모든 종교와 사상은 분열한다. 따라서 어떤 근본주의도 결코 근본적이지 않다.

사람들이 내게 종교가 무엇이냐고 물으면 나는 "노장사상가"라고 답한다. 그럼 나는 왜 노장사상가가 되었는가. 나는 온갖 철학과 종교를 섭렵했는데, 그것들은 좋든 나쁘든 항상 공통의 의도를 바탕에 깔고 있었다.

"내 프로그램(사상 또는 종교)이 제일 좋아. 그러니 너희들 컴(뇌)에 무조건 깔아!"

그런데 실상 문제는 프로그램 부족이 아니라 이미 깔린 프로그램들 간의 충돌에 있다. 실제 나는 구원과 해탈을 얻기는커녕 죄책감만 잔뜩 주입당한 채로 상담을 청해오는 환자를 흔히 만난다.

이 세상의 사상과 종교는 뇌에 한 번 깔리면 아무리 버그가 생겨도 지울 방법이 없다. 그런데 노장사상은 다른 사상을, 심지어 그 자신마저 뇌에서 포맷해서 다 지워버린다. 그래서 노자의 첫머리는 "도가도道可道 비상도非常道 — 세상이 말하는 진리는 모두 구라다. 심지어 이렇게 말하는 것도 개구라다"라는 골때리는 말로 시작한다.

노장사상은 모든 사상을 복원불가능하게 포맷해버린다. 그래서 조선시대에는 노장사상이 지금의 주체사상보다 더한 금기였고 서적을 보다가 들키면 사문난적斯文亂賊으로 찍혔다.

왜 내 뇌와 인생을 남의 사상이나 종교의 노예나 숙주로 바쳐야 하나. 이런 면에서 스스로의 진리성을 부정한 몇 안 되는 종교와 사상이 선불교와 노장사상이다. 어느 선사는 "부처를 만나면 부처를 죽이라"고 했고, 장자는 "모든 경전은 성인이 남긴 찌꺼기일 뿐"이라고 했다.

인류사를 통관할 때, 종교는 유사이전부터 있었지만 종교의 자유는 최근 몇백 년 사이에 발전한 관념이다. 즉 역사는 인간이 종교의 자유를 갖는 쪽으로 발전해왔다. 따라서 한 인간과 사회의 정신적 성숙도는 종교의 유무가 아니라 타종교에 대한 관용 수준에 달려 있다. 그래서 나는 종교적 인간이 아니라 관용적 태도를 가진 인간을 존중한다.

"너의 뇌를 포맷하라. 그러면 자유를 얻으리!"

종교에 관한 촌철활인

— 나는 종교가 없다. 기독교를 안 믿으니 지옥 갈 일 없고, 불교를 안 믿으니 윤회할 일도 없다. 이 아니 자유로운가!

— 인간은 밥만 먹고 살 수 없다. 몸은 밥을 먹고 살지만 마음은 종교적 경험을 먹고 산다.

— 기도는 항상 남는 장사다. 밑천 없이 뭔가를 얻으니까. 그래도 100퍼센트 실현되는 기도를 하고 싶다면 "하느님, ~를 해결해주세요"라고 하지 말고, "하느님, 내가 어떡하면 될까요"라고 물으면 된다.

— 이 세상에는 깨달은 듯 보이는 사람과 깨닫지 못한 사람이 있다. 그런데 깨달은 듯 보이는 사람이 정말 깨달았는지를 알 방법이 없다. 사기꾼과 깨달아 보이는 사람과 정말 깨달은 사람을 구분할 길이 없다. 그러니 종교에는 항상 사기와 사이비와 깨달음이 혼재하기 마련이다.

— 스님이 손가락 말고 달을 보라고 할 때마다 드는 의문. 저분은 달을 볼까, 손가락을 볼까? 목사가 구원을 말할 때 드는 의문. 천국 가면

저 목사를 볼까? 나만 이렇게 생각하는지 다른 사람도 그렇게 생각하지만 말 못하는지, 진실은 벌거벗은 임금님이다.

— 인간에게 필요한 것은 종교가 아니라 종교적 체험이다.

— 신은 네가 노리는 곳에 없지만 너의 기대를 넘어선 모든 곳에 있다. 부처님 손바닥 위의 손오공처럼 인간이 신 안에 있는 것이지, 신이 인간 안에 있는 것이 아니기 때문이다.

— 두 가지 종교가 있다. 신을 좁아터진 내 속에 쑤셔 박으려는 종교와 좁아터진 나를 광대한 신 안에 들여 풀어놓는 종교. 작은 것이 큰 것을 품을 수 없는 법이거늘 많은 종교가 좁은 인간의 마음에 광대한 신을 쑤셔 넣으려 애쓰다 스스로 망가지고 있다.

— 중국사에서 사원경제가 가장 번창할 때 불교는 가장 타락했고, 억압받아 사원 수가 가장 줄어들 때 도리어 불교는 가장 순수해졌다. 그때 생긴 불교가 당_唐의 선불교다.

— 석가는 기존 브라만의 이념을, 예수는 기존 유대교의 율법주의를 깨고서 진리를 선포했다. 그렇다면 진리를 깨치고 싶다면 종교를 믿을 것이 아니라 기존 종교를 깨야 한다. 진리는 종교화되는 순간 그 본질이 휘발된다.

— 모든 사람의 심연에는 궁극의 관찰자가 있다. 그는 나의 일거수일투족을, 심지어 잠들고 취해서 의식하지 못하는 사이에도 지켜보고 기억한다. 그러다 내가 삶의 고비에서 절실하게 기도할 때 직관, 꿈, 우연의 형태로 답을 주기도 한다. 안심하라. 언제나 그가 나와 함께 있으니!

— 손가락이 달을 가리킨다고, 손가락에 기도하지는 말라. 세상의 모든 경전과 논설은 그저 수많은 손가락일 뿐. 당신도 혹 손가락을 모시고 있진 않은가!

네 번째 가상현실

내 생각과 감정이 나라는 착각(예고)

~~~~~

우리가 보기에 '나'는 그냥 내가 아는 나일 뿐이며, 그 '나'는
세상과 분리되어 생성 소멸하는 그저 무기력한 무엇에 지나지 않는다.
과연 그럴까? '나'를 넘어서서 '나'를 만나라.

구름이 하늘이냐? 생각이 나냐?

상담 중에 한 아가씨가 이런저런 일로 흐느끼면서 감정을 주체하지
못했다. 이에 나는 타점을 두드리게 하면서 다음과 같이 말했다.

"하늘에 구름이 꽉 껴서 하늘이 안 보일 때가 있죠? 그런데 그렇다고
구름이 하늘인가요?"

"(울먹이면서) 아뇨."

"맞아요. 구름이 아무리 하늘을 가려도 구름이 하늘은 아녜요. 아무
리 짙은 구름도 하루 이틀 일주일 지나면 다 사라지고 맑은 하늘이 보
이죠."

"(끄덕끄덕) ······."

"그럼 내 감정이, 슬픔이 내 마음을 가린다고 해서 그 구름이 내 마음
인가요? 어쨌든 시간 지나면 이 감정도 사라져요. 다시 희희낙락할 수

260

도 있고, 화낼 수도 있어요. 지금의 감정은 내 마음이 아니에요. 구름이 하늘이 아니듯 감정은 마음이 아니에요. 그러니 따라 해보세요.

— 구름이 하늘이 아니듯, 감정은 내 마음이 아니다. 구름이 아무리 짙게 하늘을 가려도 시간이 지나면 다 바뀌고 사라지듯, 감정이 아무리 내 마음을 가려도 시간이 지나면 다 바뀌고 사라진다.

구름을 붙잡을 수 없듯, 이 감정을 붙잡을 수도 없다. 떠가고 바뀌는 구름에 영원을 약속할 수 없듯, 이리저리 무상한 내 감정에 굳이 심각하게 얽매일 필요도 없다. 아무리 심각해도 시간이 지나면 사라지고 흘러가는 것. 사라지고 흘러가는 것에 얽매여 마음 상하지 말자.

구름이 하늘이 아니듯, 슬픔과 분노와 짜증은 내 마음이 아니고 나자신도 아니다. 하늘은 하늘이고, 마음은 마음이고, 나는 나일 뿐. 무상하게 변화하는 것들에 나를 묶지 말자.

그러니 하늘이 구름을 보내듯 나도 이 감정을 모두 지운다. 비운다. 내려놓는다. 흘려보낸다. 다시 돌아오지 않는 은하수 저편으로 영원히, 아득하게. 잘 가라, 내 감정의 구름이여.”

다음은 우울증과 만성통증으로 치료받던 어느 내담자와 나눈 이야기이다.

“꿈에 고양이 두 마리를 봤어요. 오랫동안 그 두 마리를 키워온 것 같아요. 한 마리가 다른 한 마리를 오랫동안 너무 괴롭혀서 내가 내보내 줬어요. 이게 무슨 의미일까요?”

“(타점을 두드려주면서) 그 고양이가 무얼까? … 그 고양이가 무얼까? … 혹시 떠오르는 것이 있나요?”

"나의 비참한 과거네요. 그런데 허전함이 느껴지네요."

"아쉬운가요?"

"네. 고양이의 뒷모습이 아른거리네요."

"과거를 내려놓기 아쉬워하는군요."

"이런 과거를 내려놓으면 그럼 나는 누구죠? 어떻게 살죠? 혼란스러 워요."

자, 여기에 커피잔이 하나 있다. 이 커피잔의 정체는 커피인가, 잔인가.

마찬가지로 내 마음속에는 수많은 생각과 기억이 담겨 있다. 그럼 나 의 정체는 이런 내 생각과 기억 그 자체인가, 아니면 (그런 생각과 기억을 담는) 마음 그 자체인가.

이쯤에서 숭산 스님 방식대로 화두 놀이를 한번 해보자. "생각과 기 억"이라고 답하면 귓방망이 한 대 맞는다. 나름 똑똑하다고 "마음"이라 고 답하면 귓방망이 수백 대 맞는다.

자, 무엇인가. 이래도 맞고 저래도 맞으니 대답 안 하고 있으면 수천 대 맞는다. 답해보라. 나의 정체는 무엇인가.

하늘은 마음이고 구름은 감정이다. 구름이 하늘을 바꿀 수 없듯, 감정 이 마음 자체를 바꿀 수는 없다. 바람이 구름을 밀어내면 하늘이 드러 나듯, EFT로 감정을 비워내면 본 마음이 아름답게 빛난다.

즉석 EFT

그러니 다음과 같이 EFT를 해보자.

문제를 인정하고 받아들이기

- 나는 자꾸 내 감정이 나라고 생각하고 느끼지만, 어쨌든 나는 나를 이해하고 받아들입니다.
- 나는 자꾸 나의 두려움이 미움이 슬픔이 나라고 생각하지만, 어쨌든 나를 믿고 사랑합니다.
- 나는 내가 알던 나와 내가 경험한 나에 집착하면서 나를 놓지 못하지만, 어쨌든 마음속 깊이 진심으로 이런 나도 이해하고 받아들이고 사랑합니다.

마음 풀기

- 구름이 하늘이 아니듯, 감정이 내 마음은 아니다. 구름이 아무리 짙게 하늘을 가려도 시간이 지나면 다 바뀌고 사라지듯, 감정이 아무리 내 마음을 가려도 시간이 지나면 다 바뀌고 사라진다. 구름을 붙잡을 수 없듯, 이 감정을 붙잡을 수도 없다. 떠가고 바뀌는 구름에 영원을 약속할 수 없듯, 이리저리 무상한 내 감정에 굳이 심각하게 얽매일 필요도 없다.
- 아무리 심각해도 시간이 지나면 사라지고 흘러가는 것 사라지고 흘러가는 것에 얽매여 마음 상하지 말자. 구름이 하늘이 아니듯, 슬픔도 분노도 짜증도 내 마음은 아니고 나도 아니다. 하늘은 하늘이고, 마음은 마음이고, 나는 나일 뿐. 무상하게 변화하는 것들에 나를 묶지 말자.
- 그러니 하늘이 구름을 보내듯, 나도 이 감정을 모두 지운다. 비운다. 내려놓는다. 흘려보낸다. 다시 돌아오지 않는 은하수 저편으로 영원히 아득하게. 잘 가라, 내 감정의 구름들이여.

깃발이 날리나, 내 마음이 날리나

요새 야한 미니스커트가 성범죄를 유발한다고 설전이 왁자지껄하다. 한마디로 그들의 논의를 정리하면 다음과 같다.

— 꼴리게 하는 여자가 문제다.
— 아니다, 꼴리는 놈이 문제다.

이것을 각각의 입장에서 정리하면 다음과 같이 될 것이다.

— 꼴리게 하는 여자: 내가 뭘 입든 니가 꼴리지 마라.
— 꼴리는 놈: 내가 안 꼴리게 니가 그것을 입지 마라.

참 어려운 문제다. 바로 이것이 에고의 논리다. 에고는 일어난 모든 상황에 대한 원인을 밖에서 찾아 그것을 비난하려고 한다. 이것을 '투사'라고 한다. 에고의 논리는 한마디로 "내가 이런 것은 너나 그것 때문이야"라는 식이다.

옛날 한 선승이 제자와 나눈 대화다.

"스승님, 깃발이 휘날립니다."

"깃발이 휘날리느냐, 니 마음이 휘날리느냐?"

"……."

누가 나에게 말했다.

"저 미니스커트가 나를 꼴리게 하는군요."

"저 미니스커트가 나를 꼴리게 하는 거요, 아니면 내가 저 미니스커트를 꼴리게 하는 거요?"

"네에?!"

나를 잊는 것이 가장 큰 기쁨

어느 날 EFT 레벨3 워크숍이 끝나고 참가자 한 분을 수유역 근처로 태워드리면서 나눈 대화다.

"전에는 내가 누구인지 잘 알았는데 워크숍이 끝나고 나니까 오히려 내가 누군지 모르게 됐어요."

"이제야 알게 되셨군요. 저도 제가 누구인지 모르게 되는 데 참 많은 시간이 걸렸습니다."

몇 년 동안 꾸준히 EFT를 하면서 부정적 생각과 감정(판단)을 지우다 보니 문득 다음과 같은 부작용이 생겼다.

1. 갈수록 나에 대해 무관심해진다.

누가 나에게 서운한 말을 해도 남 욕하는 것처럼 들린다. 어떤 때에는 내가 나인지 남인지 구분이 안 될 때가 있다.

2. 내가 낯설다.

갈수록 거울을 안 보게 된다. 그저 면도하며 수염을 확인하는 정도로만 본다. 그러다 보니 어느 날 엘리베이터를 타면서 문득 마주하게 된

내 얼굴이 낯설다. '저 거울 속에 지극히 평범한 아저씨가 보인다. 저 사나이는 누굴까?'

3. 시간을 잊는다.

'언제 되나?' 하는 생각이 갈수록 사라진다. 그저 하고자 하는 것을 확언하고 안달하지 않게 된다. 내 나이도 잊고, 지금이 언제인지도 잊고, 내일 일도 잊고, 그저 이 순간에 집중하게 된다.

4. 공간을 잊는다.

큰 것을 보아도 크다고 눌리지 않고, 작은 것을 보아도 작다고 깔보지 않는다. 그저 모든 것이 광대무변한 우주의 한 점으로 존재함을 느낀다.

5. 안 됨을 잊는다.

남들이 안 된다고 하는 것에 더욱 호기심이 생기고 해보고 싶어진다. 큰일이다. 뭔가 큰일을 저지를 것 같다.^^

판단이 줄어든 만큼 판단하는 나(에고)도 줄어든 것이다. 이렇게 EFT는 치명적인 부작용이 있으므로 절대로 조심해야 한다. 지금의 정체성을 꼭 붙들고 싶은 사람이나 세상의 상식에 계속 얽매이고 싶은 사람은 EFT를 절대로 남용해서는 안 된다.

에고에 관한 촌철활인

— 우리는 종종 좋을 때는 좋은 줄 모르다가 정작 나빠져야 그것이 좋았음을 알게 된다. 현직 대통령의 실정에 시달리고야 전직 대통령이 좋았음을 알고, 현 여자친구에게 실컷 구박당하고서야 옛 여자친구가 좋았음을 알고, 사회 나와서 징하게 고생을 해야 비로소 부모님께 투정하던 그때가 좋았음을 안다. 왜 그럴까? 인간의 에고는 좋은 것을 좋다고 하기보다는 안 좋은 것을 안 좋다고 하는 사고 시스템이기 때문이다. 에고는 무엇이 안 좋은 줄은 천재적으로 잘 알지만 무엇이 좋은 줄은 바보같이 모른다. 그래서 에고의 사고체계에 따를 때 항상 괴롭다. 이렇게 우리가 에고의 사고 시스템에 갇히면 모든 것은 불평과 불만의 대상밖에 되지 않는다. 에고는 채울 수 없는 것을 영원히 갈망하고, 현실은 무조건 싫다고만 한다. 이것이 일체개고一切皆苦다.

— 에고는 무지와 판단과 분별의 주체다. 따라서 무지와 판단과 분별이 줄어드는 만큼 에고도 줄어든다.

— 소금이 그대로 있으면 그저 소금 한 알에 불과하다. 하지만 소금이 자기를 놓고 바닷물에 녹으면 그대로 바다가 된다. 나를 놓고 나를 녹여라. 우주와 하나가 되고 우주의 힘을 얻으리라.

— 눈을 뜬다고 잠에서 깨는 것이 아니다. 잠에서 깨면 모두가 삶이라는 또 다른 잠에 빠질 뿐이다. 다들 깨어서 산다고 착각하지만 삶이라는 꿈속에서 헤매고 있을 뿐. 이제 참으로 삶이라는 잠에서 깬 이는 누구인가.

— 바퀴벌레나 나나 한 지구 위에 같이 산다. 그런데 바퀴벌레에게는 방 한 칸이 지각되는 세상의 전부이고, 세상의 중심이다. 그래서 바퀴

벌레에게는 방 한 칸이 우주다. 그러니 내 우주는 객관적인 우주가 아니라 내가 지각하는 만큼의 우주일 뿐. 내 마음에 보이는 게 세상의 다다. 그러니 더 크게 볼 줄 알라.

— 통찰을 얻는 세 가지 방법. 남의 일로 보라. 멀리서 보라. 미래 시점에서 보라. 그러면 객관성과 간결성과 초월성을 얻으리라.

— 인정받고 싶은가? 먼저 나를 인정하라. 사랑받고 싶은가? 먼저 나를 사랑하라. 판단받기 싫은가? 먼저 나를 판단하지 말라. 용서받고 싶은가? 먼저 나를 용서하라. 믿음을 얻고 싶은가? 먼저 나를 믿어라. 먼저 나에게서 구하라. 그러면 모두 얻으리.

— 삶이 너무 버거운가? 그러면 한 번씩 남 일로 보라. 세상이 너무 거대한가? 한 번씩 우주 끝에 선 듯 지구를 한 점으로 보라. 빙그레 웃음이 날지 모른다. 이렇게 삶과 세상이 아닌 나의 관점만 바뀌어도 살 만해진다.

— 아는 것이 힘이다. 나를 아는 것이 가장 큰 힘이다.

— 나에 대한 인식이 깊어질수록 존재 일반에 대한 인식도 깊어진다. 그래서 이런 점에서 천체물리학자와 구도가들은 서로 만나 반갑게 소통할 수 있다.

— 내게 가장 즐거운 대화는 나의 옳음을 인정받는 것이 아니라 나의 틀림을 깨닫게 해주는 것이었다. 그래야 더 똑똑해질 수 있으니까.

— 무식보다는 무식한 줄 모르는 무식이 더 큰 문제다. 무식은 구제할 수 있지만 무식한 줄 모르는 무식은 방법이 없다. 독단과 독선과 자만이 무식한 줄 모르는 무식에 빠뜨리는 주범이다.

— 바보는 남한테 속았다고 하고, 깨달은 이는 나한테 속았다고 한다.

— 파인만이 말했다. "양자물리학을 안다고 말하면 모르는 것이다."

내가 말한다. "신에 관해 뭔가 아는 척 말한다면 모르는 것이다." 원래 모든 심오한 것은 약간 알면 확신이 생기지만 많이 알면 도리어 더 모르게 되는 법이다. 모르니 떠들고, 아니 입 닫는다.

— 세상이 내 마음의 반영임을 깨달을 때 비로소 세상은 변화되기 시작한다. 세상을 바꾸려면 먼저 나를 바꿔라.

— 내가 사라지면 삶이 저절로 살아진다. 사라지면 살아진다.

— 앎이 힘이다. 그런데 나를 아는 것이 가장 큰 앎이니 가장 큰 힘을 발휘한다. 그러니 나 자신을 알라.

— 극소수는 자신들이 모른다는 것을 알고, 대다수는 모른다는 것도 모른다. 종종 몰라서가 아니라 알아서 문제다.

— 감각은 앎의 수단이기도 하고 앎의 감옥이기도 하다. 보이지 않는 세계가 보이는 세계보다 더 크다. 우리가 감각의 세계에만 매몰될 때 우리는 감각의 노예가 된다.

— 자만은 누구든 바보로 만든다. 역사에는 자만으로 바보가 되어 자멸한 수많은 천재들의 이야기가 가득하다. 그래서 종종 똑똑한 사람이 바보짓을 많이 한다. 똑똑함을 유지하고 싶다면 똑똑하다는 생각을 버려라.

— 어느 날 킨텍스 모터쇼에 갔다. 두 시간 동안 늘씬한 모델들을 보고 나니 갑자기 키가 168센티인 아내가 작아 보였다. 그 순간 깨달았다. 정상이란 그저 익숙한 것에 지나지 않고 때때로 그마저도 너무 불안정하다는 것을.

3

"
가상현실에서
깨어나면
어떻게 살아요?
"

가상현실을 벗어나면 우리는 이런 경험을 하게 될 것이다. 세상은 한계와 구분이 없이 있는 그대로, 현재는 과거와 미래의 구분 없이 있는 그대로, 마지막으로 마음 (의식)을 안과 밖(주체와 객체)의 경계 없이 있는 그대로! 장자는 이렇게 말했다. "나를, 남을, 세상을, 내 몸을, 삶을, 죽음을 모두 잊고 우주와 하나가 된다." 여기가 바로 의식 진화의 종착점이 아닐까?

그럼 여기에 이르면 우리는 무엇을 얻는가. 첫째, 삶이 저절로 살아지고, 생존의 두려움이 삶의 기쁨으로 바뀌며, 삶이 부담이 아니라 놀이가 된다. 둘째, 삶과 죽음이 있는 것이 아니라 그저 변화가 있으며 그 이면에 불변의 섭리가 있음을 깨닫는다. 셋째, 분노와 두려움이 자비와 기쁨으로 바뀐다. 바로 이것이 궁극의 행복이 아니겠는가!

지금 여기에서 있는 그대로 행복해져

~~~

참사람(깨달은 이)은 그때 거기가 아니라
언제나 지금 여기에 머물며 지금 여기를 누린다.
지금 여기를 판단 없이 느끼고 누릴 때 우리는 가장 풍요로워진다.

가장 부유한 사람

전 세계를 지배하여 소유했던 지배자 알렉산더 대왕! 그가 어느 날 유명한 철학자인 디오게네스의 명성을 듣고 그를 찾아왔다. 마침 디오게네스는 나무 술통 안에 누워 낮잠을 자고 있었다.

대왕이 디오게네스에게 물었다.

"그대가 원하는 것이 있다면 무엇이든 내가 해주겠다. 당신은 무엇을 원하는가?"

디오게네스가 태연히 말했다.

"당신이 지금 술통으로 들어오는 햇볕을 가리고 있으니 비켜주시오."

우리가 온전히 가질 수 있는 것은 오직 '지금 여기'밖에 없다. 그때 거기에 대한 모든 집착과 후회를 버릴 때 우리는 지금 여기에 그저 집중하게 된다.

지금 여기를 온전히 사는 사람! 그를 나는 가장 부유한 사람이라고 부른다. 모든 것을 가진 알렉산더도 디오게네스에게 줄 수 있는 것이 없었다. 디오게네스는 지금 여기를 살 줄 알았기 때문이다.

"지금 여기를 살 줄 아는 사람이 가장 부유하다."

그러니 이제 가장 부유한 사람이 되기 위해 EFT를 해보자.

문제를 인정하고 받아들이기

• 나는 아직도 그 일과 그 사람 때문에 괴롭다. 내가 살 수 있는 유일한 시간은 현재밖에 없는데 내 마음은 여전히 과거에 머물러 괴롭지만, 깊이 진심으로 이런 나도 이해하고 받아들입니다.

• 아직 일어나지 않은 일을 걱정하고 두려워하느라 내 마음은 괴롭다. 그런데 그 일은 아직 일어나지 않았고, 내가 살 수 있는 유일한 시간과 공간은 지금 여기일 뿐. 어쨌든 깊이 진심으로 나를 이해하고 받아들입니다.

마음 풀기

• 그 일은 끝났다. 그 일은 아직 시작되지 않았다. 내가 살 수 있는 유일한 시간과 공간은 지금 여기뿐. 그러니 과거의 후회도 미래의 불안도 모두 지운다. 버린다. 내려놓는다. 다 흘려보낸다. 저 무한한 우주의 시간과 공간으로. 다시 돌아오지 않게.

• 무한한 우주로 이 모든 후회와 걱정을 흘려보내고 나니 문득 지금 여기에서 여유를 느낀다. 한 잔의 원두커피에서 누구도 줄 수 없는 풍요로움을 느낀다. 갑자기 볼에 스치는 바람이 시원하게 느껴진다. 내가 항상 가졌지만 마음이 과거와 미래로 내달려 느끼지 못했던 모든 풍요가 이제 문득 한꺼번에 느껴진다. 이제 나는 누구보다 풍요롭다. 지금 여기에 존재하는 것만으로도 풍요롭다는 것을 이 순간 절실하게 느낀다.

• 문득 바람이 불고, 하늘은 파랗고, 아직 남은 낙엽이 가볍게 흔들린다. 세상이 참 아름답고, 이런 세상을 보는 내가 참 아름답다. 존재하는 모든 것에 고마움을 느낀다. 살아 있음이 신의 선물이다. 갑자기 눈가에 영롱한 눈물 한 방울이 맺힌다. 이제 나는 그냥 지금 여기에 조용히 미소 지으며 있다. 존재하는 모든 것들이여, 안녕.

우주의 모든 것이
나와 하나라고 느껴

~~~~~

만물에 대한 판단과 분별이 사라질 때 우리는 세상의 근원과 하나가 된다.
가장 행복한 경험은 우주와 하나가 되는 경험이다.

신이 되는 법을 가르쳐주마

「신이 되는 법

네 몸(의 수고로움과 소멸)을 잊어라.
시간(의 길고 짧음)을 잊어라.
공간(의 크고 작음)을 잊어라.
그러면 그 자체로 당신은 바로 신이다.

당신은 죽음 곧 육신의 소멸에 흔들리지 않고,
아무리 시간이 걸리는 일에도 안달하지 않고,
아무리 큰 것 앞에서도 초라해지지 않기 때문이다.
그래서 이제 당신은 불멸이며, 영원하며, 무궁할 것이니
이것이 바로 또한 신의 본질이 아닌가!」

그는 한 번도 너를 떠난 적이 없고, 심지어 너는 그 속에 있을 뿐이지만, 너는 그와의 분리를 꿈꾸며 깨지 못한다. 그는 무한한 사랑과 기다림으로 분리의 악몽에서 네가 깨기를 기다린다. 그 분리의 느낌이 바로 두려움이지만 결국 거짓이며 환상이다. 사실이 아닌 너의 꿈이기 때문이다.

너는 이 악몽에 붙들려 심지어 악몽을 깨면 더할 나위 없는 지옥에 빠진다는 소리를 듣는다. 하나 안심하라, 그것마저 악몽의 일부분이니. 그는 하느님이며 전지전능이니, 전지전능과 분리되어 얻을 것이 무지와 두려움 외에 무엇이 있겠는가!

너는 세상과 너에 대한 온갖 판단으로 이 악몽을 만들고 유지한다. 그리고 이 악몽이 사실이라고 믿어버린다. 이제 세상과 너에 대한 판단이 사라질 때 이 분리의 악몽도 사라지리라.

즉석 EFT

그럼 이제 신이 되기 위해 다음과 같이 EFT와 확언을 해보자.

문제를 인정하고 받아들이기

- 나는 몸의 수고로움이 너무나 힘들지만, 마음속 깊이 진심으로 나를 받아들입니다.
- 나의 내 몸의 소멸, 즉 죽음이 너무 두렵지만, 어쨌든 나를 이해하고 받아들입니다.
- 나는 시간이 걸리는 일에 안달하고 큰 것 앞에서 초라해지지만, 마음속 깊이 진심으로 나를 받아들입니다.

마음 풀기

- 몸의 힘듦이 너무 고통스럽다. 죽음이 너무 두렵다. 이것이 언제 될까 안달한다. 나보다 큰 것과 사람 앞에서 주눅 든다. 하지만 수고를 잊으니 모두 할 만하다. 죽음을 잊으니 그저 살 만하다. 가장 죽을 짓은 도리어 태어나는 것. 태어나는 모든 것은 죽어야 하니까. 그러니 죽음은 오히려 삶의 증거일 뿐이다. 그러니 죽음을 잊고 삶에 집중한다.
- 언제 될까 하는 생각도 모두 버린다. 시간에 대한 판단을 내려놓으니 그저 영원만이 존재한다. 지구 안에서 보면 태산이 태산이지만 지구 밖에서 보면 태산도 나도 한낱 먼지와 같은 것. 나도 태산도 지구도 이 우주도 그저 하나의 일물一物에 불과한 것. 만물을 먼지로 볼 줄 아니 모두가 평등하게 느껴진다.
- 이렇게 몸과 시간과 공간에 대한 판단을 모두 내려놓으니 나는 그저 하나의 마음일 뿐이다. 나의 마음이 너의 마음이고 또한 우주의 마음이다. 마치 우주의 공간 사이에 별과 해와 달이 놓여 있듯, 이 우주의 크고 작은 모든 형상이 내 마음 안에 있을 뿐이다. 내 마음 안에 온 우주가 담긴다. 그러니 이제 나는 불멸이며 영원하며 무궁하다. 내가 신이며 신이 나다.

천 개의 태양이 뜨다

깊은 밤에 남산에 올라 서울을 내려다보면 온갖 불빛들이 알록달록 반짝인다. 색깔별로는 빨강, 파랑, 노랑, 보라 등등 온갖 색이 다 있다. 또 크기도 다양해서 점만 한 것, 손톱만 한 것, 풍선만 한 것 등 다양하다. 모양도 다양해서 별 모양, 점 모양, 풍선 모양, 촛불 모양, 십자가 모양 등등 각양각색이다.

그런데 이 불빛들은 한때 자부심이 지나쳐 서로 다투기도 했다.

십자가 불빛은 이렇게 말했다.

"나는 하나님의 상징이야. 너희 같은 비천한 빛과는 바탕이 달라."

이에 홍등가의 빨간 등은 말했다.

"하나님 좋아하네. 너도 벗으면 다 똑같아!"

그리하여 이 불빛들은 서로 이기려고 있는 힘껏 제 빛만 요란하게 비추었다. 그러자 고요하던 세상의 밤이 네온사인이 끝없이 어지러이 휘황찬란한 환락가처럼 되어버렸다.

세상은 참 오랫동안 그렇게 어지러웠다. 그러던 어느 날 믿을 수 없는 일이 벌어졌다. 하늘 위에 천 개의 태양이 한꺼번에 뜬 것이다. 밤을 어지럽히던 온갖 불빛들은 천 개의 태양이 내는 거대한 흰빛 아래 모두 사라졌다. 아니, 사라진 것은 아니지만 이전까지 고집하고 집착하던 저마다의 모양과 크기와 색깔이 가없는 흰빛 아래 의미를 잃었다.

이 거대한 흰빛 아래 찰나이기도 하고 영원이기도 한 시간이 지났고, 문득 천 개의 태양이 사라지며 모든 것이 제 모습으로 돌아왔다. 그런데 놀라운 일이 생겼다. 모든 불빛이 이제는 다투지 않고 서로를 있는 그대로 인정하게 된 것이다. 심지어 그토록 앙숙이던 십자가 불빛과 홍

등가의 빨간 등도 서로 눈 흘기지 않고 그저 고요하게 제 빛만 밝혔다. 이렇게 세상의 밤에는 다시 평화가 찾아왔다.

영적 체험의 본질은 인생에서 '천 개의 태양 앞에 선 작은 불꽃'이 되는 경험을 해보는 것이다. 천 개의 태양을 경험한다고 내 겉모습이 변화하지는 않지만, 이후의 삶은 분명 그 전과 완전히 달라진다. 이제 내면에는 천 개의 태양이 이글이글 빛나고 있기 때문이다. 이렇듯 진정한 영적 체험은 인간을 완전히 변화시킨다.

그럼 어떻게 영적 체험을 할 것인가. 영적 체험은 별것이 아니다. 사실은 누구나 부지불식간에 경험하고 있다. 영적 체험의 본질은 '나(에고)'를 놓는 경험이다. 나를 놓을 때 숨어 있던 큰나(참나)를 경험하게 된다. 이 참나의 경험이 바로 영적 체험이다.

한마디로 나를 잊을 때 더 큰 나를 만나게 된다.

그림 속의 스님처럼 참사람은 자연이나 우주와 하나가 되어 자연과 우주로 살아간다.

그러니 내 안의 나를 만나기 위해서 다음의 EFT와 확언을 해보자.

문제를 인정하고 받아들이기

• 나는 그냥 나일 뿐이라고 생각하지만, 그렇다면 내가 나라고 생각할 줄도 몰랐던 뱃속에서부터 나를 키워온 것은 무엇일까? 이렇게 보면 나는 나라고 생각할 줄 알기 전부터 존재해왔는데, 이렇게 나를 존재시켜준 것은 무엇일까? 어쨌든 나는 내가 생각하는 나 이상임을 지금 이 순간 깨닫고 나를 이해하고 믿고 사랑합니다.

• 나는 내가 산다고 생각하지만, 내가 자는 동안에 내 머리카락을 새로 나게 하고 내 피부를 재생시켜주는 것은 대체 무엇인가. 내가 자는 동안에 내 심장과 폐를 움직이는 것은 대체 무엇인가. 이렇게 보면 내가 사는 게 아니라, 내가 무언가에 의해 살아지는 것은 아닐까? 그렇다면 이렇게 나를 살리는 것은 무엇일까? 나는 그저 내 생각과 감정에 빠져 내가 그냥 나일 뿐이라고 생각했지만, 어쨌든 마음속 깊이 진심으로 나를 넘어선 나를 이해하고 믿고 사랑하고 받아들입니다.

마음 풀기

• 나는 슬프다. 기쁘다. 화난다. 아니다, 그것은 내가 아니라 내 일부분이다. 나는 이것만이 온통 나라고 느끼지만 이것이 없을 때도 나를 지키고 키우는 것, 그것이 진정한 나다. 내 생각과 감정은 가고 오지만 한시도 쉬지 않고 나를 살리고 있는 것, 그것이 바로 진정한 나다. 마치 구름이 오가도 하늘은 변하지 않듯, 내가 생각하는 나는 바뀌어도 생각 저편의 나는 하늘처럼 영원히 변하지 않고 나를 지켜주고 있다.

• 구름에 가린 하늘처럼 나는 내가 생각하고 느끼는 나에 가려 참나를 보지 못하고 있다. 이제 구름과 같은 감정과 생각을 모두 걷어내고 하늘과 같은 참나를 본다. 장마 끝에 구름 걷힌 하늘에서 태양이 빛나듯 이제 내 안에서 참나가 빛난다. 이 세상과 생명의 근원인 참나가 한여름의 태양처럼 찬란하게 빛난다.

확언하기

- 이 생각과 감정을 모두 흘려보내고 저편의 나를 본다.
- 이 생각과 감정을 꿰뚫고 저 바탕의 나를 있는 그대로 보고 느낀다.
- 이 짙은 생각과 감정의 구름 너머에 찬란한 참나의 태양이 있다. 나는 어쨌든 무조건 이 참나의 태양을 본다. 나는 구름이 아니라 이 참나의 태양이다.

삶이 자유, 웃음, 놀이가 돼

가상현실에서 깨면 생존의 두려움이 삶의 기쁨으로 바뀐다.

자유에 관한 촌철활인

— 삶의 속박이 사라질 때 삶은 그 자체로 자유가 된다. 인간의 원죄는 사과를 따먹은 것이 아니라 본래의 자유를 잊어버린 데 있다. 우리는 원래 자유인이다.

— 자유란? 무엇이든 할 수 있는 자유와 어떤 것도 하지 않을 자유. 이 정도의 자유는 범인凡人의 이상적인 자유다. 반면에 결코 자유로울 수 없을 때에도 자유로운 자유, 이것은 깨달은 이의 초월적 자유다. 재벌과 왕족은 범인의 자유를 누리고 석가와 장자는 초월의 자유를 누린다. 그런데 범인의 자유가 아무리 커도 삶의 모든 고뇌로부터 자유롭지는 못하다. 그래서 석가는 범인의 자유를 버리고 초월의 자유를 찾아 왕궁을 떠났다. 그러니 무엇이든 초월하라. 어떻게? 나를 얽매는 것에 대한 모든 판단을 EFT로 내려놓아라. EFT로 부처가 되어라. 가장 멋진 일이지 않은가. 초월하라, 초월하라, 초월하라!

— 인간의 최고의 자유는 문제를 없애는 것이 아니라, 문제에 대한 나의 태도를 결정할 수 있다는 데 있다. 깨달은 이는 어떤 상황과 조건에도 얽매이지 않는다. 그것이 바로 자유다.

— '문제로부터의 자유(freedom from problem)'보다는 '문제가 있어도 훼손되지 않는 자유(freedom despite problem)'가 더 근원적이고 본질적이다. 후자의 자유는 결코 빼앗길 수 없는 절대성을 지닌다. 이 자유가 노장사상의 핵심이다.

— 두 종류의 자유가 있다. 힘에 의한 자유와 힘으로부터의 자유. 세상을 지배한 이는 전자의 자유만 얻을 수 있지만, 세상을 초월한 사람은 전자와 후자의 자유를 다 가질 수 있다. 그러니 초월하라.

웃음과 유머에 관한 촌철활인

— 에고는 심각하고 참나는 웃는다. 에고의 판단과 집착이 사라지면 모든 일에 웃게 되리라.

— 수천 명의 난치병 환자들을 치료하면서 내가 느낀 점. 다들 너무 심각하다. 웃지도 못할 정도로 심각하게 살면 병 걸린다. 그러니 심각하게 살지 마라. 심각하면 심각해지고 웃으면 우스워진다.

— 내 일로 보면 심각해지고 남의 일로 볼 줄 알면 우스워진다. 이것이 초탈이다.

— 때때로 현실은 참 부조리하다. 선이 패하기도 하고 악이 승리하기도 한다. 선의가 배신당하고 가장된 악의가 호응을 얻는다. 하지만 이런 부조리에 대한 가장 큰 저항은 분노가 아니라 그저 한 번 씩 웃는 것

이다.

— 웃음은 삶의 무의미와 덧없음에 대한 최대의 반역이자 참나의 순간적인 분출이다. 모든 것을 가져도 웃음이 없다면 항상 허망하다.

— 뭘 해야 할지 모를 때에는 그저 씩 웃어라. 그것만으로도 몸의 긴장이 풀리고, 영혼에 행복의 햇살이 비칠 것이다.

— 상대가 욕할 때 같이 욕하면 작은 복수다. 반면에 씩 웃으면 가장 큰 복수다. 내가 안 받아주면 되돌아가 두 배의 충격을 주니까. 그러니 웃음과 유머를 키워라.

— 불의와 불공정에 분노하는 것은 좋다. 그런데 그것들을 우습게 볼 줄 알면 더 좋다. 권력과 돈 앞에서 당당하면 좋다. 그런데 그것들을 우습게 볼 줄 알면 더 좋다. 웃음이 분노보다 강하다. 그러니 세상의 모든 부조리에도 불구하고 웃어라. 아니, 부조리하니 더 웃어라. 웃긴 세상 아닌가!

— 실존주의자들은 신은 죽었고 모든 것이 덧없다면서 심각해졌다. 반면에 장자는 모든 것이 덧없다면서 씩 웃었다. 장자는 '덧없음' 자체도 덧없음을 알았기 때문이다. 세상이 덧없는가, 나의 덧없음이 덧없는가. 덧없음이 덧없어질 때까지 내 삶은 계속 덧없으리라.

— 행복한 삶의 필수 3요소. 역설, 변화, 유머. 삶은 알게 될수록 역설이다. 삶은 언제든 변화한다. 이 두 가지를 알아 집착이 사라지면 빙그레 웃게 된다. 삶의 역설에 놀라지 않고 삶의 변화에 애달프지 않으면 언제나 웃게 되리니.

— 좋은 세상살이에는 두 가지 전제가 있다.

1. 사람들은 너보다 어리석다. 그러니 세상이 네 뜻대로 안 된다고 너무 탓하지 마라. 다 너보다 떨한 사람들 아니냐.

2.   사람들은 너보다 못났다. 그러니 사람들이 못난 짓 한다고 화내기보다는 잘난 네가 웃어라.

— 세상은 신이 벌이는 농담이자 장난이다. 그러니 무슨 일에든 웃어라. 그래, 나도 물론 안다. 때때로 세상은 정말 블랙코미디라는 것을!

놀이에 관한 촌철활인

— 삶의 속박이 깨지면 모든 의무와 부담이 사라지고, 삶은 그 자체로 놀이가 된다. 그러니 이제는 삶을 놀아라.

— 삶과 세상에 관한 모든 판단을 내려놓고, 삶을 온전히 누리면서, 그저 행위하라.

— 완벽한 삶 = 빈 마음(무판단) + 만물을 있는 그대로 누림 + 원하는 것을 거리낌 없이 실천함. 생각 없이 모두 즐기며 무엇이든 하라. 삶을 사는 데 이 이상의 진리는 없다.

— 통제되지 않는 것은 불안하다. 그래서 우리는 삶을 원하는 대로 통제하기를 원한다. 하지만 삶은 통제되지 않기 마련이다. 바로 이것이 삶이 불안한 근원적인 까닭이다. 그리고 불안에 대한 유일한 대안은 통제가 아니라 믿음과 내맡김이다.

— 무조건 이렇게 믿어라. 괜찮다. 해결할 수 있다. 된다. 좋아진다. 그럴 수 있다. 이렇게 맡기고 삶의 모든 과정에 나를 내맡겨라. 그러면 삶이 놀이로 변화될 것이다. 신께 맡겨라. 도에 맡겨라. 삶에 맡겨라. 모두 쉬이 되게끔 내버려둬라.

— 공부 못하는 게 바보가 아니라 놀 줄 모르는 게 바보다. 인생에서

가장 큰 수확은 때때로 일보다 놀이에서 나오는 법이다.

— 나의 좌우명. 놀아 젖히다 성공까지 가버려라.

— 삶은 놀이다. 아니라고? 아니라고 하는 사람에게는 삶이 일이다. 사는 게 힘든 이유는 삶이 일이기 때문이다. 우리는 일하기 위해서가 아니라 놀기 위해 태어났다. 삶이 투쟁인 이유는 삶이 놀이임을 깨닫지 못했기 때문이다. 우리는 애쓰며 살기 위해서가 아니라 한바탕 놀아보려고 이 세상에 왔다. 그러니 너무 심각해지지 마라. 그저 놀듯 하라. 재수 없을 정도로 심각하게 살지 마라. 모두 신명 나도록 쉽게 받아들여라. 바람과 강물이 만물을 스쳐가듯 삶의 바다를 가볍게 순항하라.

— 좋아하는 것이 무엇이든 그저 꾸준히 해보라. 그것이 당장 무슨 쓸모가 있을지는 신경 쓰지 마라. 기회는 당장의 쓸모가 아니라 현재의 즐거움 속에 있다. 즐겁게 하다 보면 절로 필요한 준비가 이뤄진다.

— 여행을 떠나보면 안다. 미지의 것을 꼼꼼히 계획하는 것이 얼마나 부질없는지를. 여유, 내맡김, 변화의 수용, 부지런한 걷기, 순발력, 창의성, 매 순간 즐기기 등이 필요하다. 삶도 마찬가지다.

EFT란 무엇인가?

EFT 순서

문제 확인

치료하고 싶은 증상 확인 (육체적/심리적 문제)

주관적 고통지수 측정: 0~10 사이로 고통지수 측정하기

```
0   1   2   3   4   5   6   7   8   9   10
```

기본 과정

① 준비 단계

가슴압통점을 문지르거나 손날 두드리기를 하면서 수용확언을 3회 말하기

● 수용확언

나는 비록 _____하지만

마음속 깊이 나 자신을 받아들이고 사랑합니다.

● 연상어구 _____

❷ 연속 두드리기

연상어구를 반복해서 큰 소리로 말하면서 다음의 타점들을 5~7회 두드리기

눈썹 / 눈 옆 / 눈 밑
코 밑 / 입술 아래
쇄골 / 겨드랑이 아래
명치 옆 / 엄지 / 검지
중지 / 소지 / 손날

❸ 뇌조율 과정

손등점을 계속 두드리며 아래 동작을 순서대로 하기

❶ 눈을 감는다 ❷ 눈을 뜬다 ❸ 머리를 움직이지 말고 눈동자만 최대한 빨리 오른쪽 아래로 움직인다 ❹ 머리를 움직이지 말고 눈동자만 최대한 빨리 왼쪽 아래로 움직인다 ❺ 머리를 움직이지 말고 눈동자만 시계 방향으로 크게 돌린다 ❻ 머리를 움직이지 말고 눈동자만 시계 반대 방향으로 크게 돌린다 ❼ 밝은 노래를 약 2초간 허밍한다 ❽ 1부터 5까지 빨리 숫자를 센다 ❾ 다시 약 2초간 허밍한다

❹ 연속 두드리기 (반복)

연상어구를 반복하면서 다음의 타점들을 5~7회 두드리기

눈썹 / 눈 옆 / 눈 밑 / 코 밑 / 입술 아래 / 쇄골 /겨드랑이 아래 / 명치 옆 / 엄지 / 검지 / 중지 / 소지 / 손날

조정 과정

효과 없음	부분적인 효과	완전 치유
고통지수에 변화가 없음	고통지수에 조금만 감소함	고통지수가 0이 됨
⋮	⋮	⋮
문제를 구체화하고 기본 과정 다시 시도하기	수용확언을 "나는 비록 여전히 ____이 남아 있지만…"으로 변경	치료 종료
	⋮	
	연상어구는 "여전히 조금 남은 ____"로 변경	

EFT(Emotional Freedom Techniques)는 마음과 몸의 문제를 해결하는 새로운 방법으로 '침을 사용하지 않는 침술'이라고 불리기도 한다. 간단히 설명하면, 해결하고 싶은 심신의 문제를 입으로 되뇌면서 손가락으로 온몸의 주요 경혈을 두드리는 아주 간단한 심신조절법이다.

EFT는 인체를 하나의 정교한 에너지 시스템으로 본다. 그리고 육체적·정신적·감정적 문제들은 모두 그 에너지 시스템의 조화가 깨져 나타난 현상으로 이해한다. 따라서 그 원인이 무엇이든 간에, 인체 시스템에 가해진 충격과 부조화를 본래 상태로 바로잡으면 문제는 자연스럽게 사라진다. 이때 증상 또는 문제를 구체적인 말로 표현하는 이유는 뇌로 하여금 그 문제에 집중하게 하기 위함이고, 14경락의 중요한 경혈들을 두드리는 이유는 체내에 압전기의 효과를 주어 인체 내부의 에너지 흐름을 정상으로 회복되도록 조절하기 위함이다.

타점의 위치

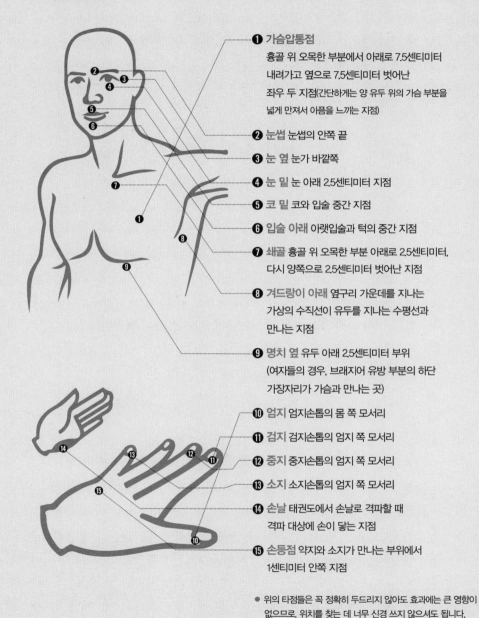

❶ **가슴압통점**
흉골 위 오목한 부분에서 아래로 7.5센티미터 내려가고 옆으로 7.5센티미터 벗어난 좌우 두 지점(간단하게는 양 유두 위의 가슴 부분을 넓게 만져서 아픔을 느끼는 지점)

❷ **눈썹** 눈썹의 안쪽 끝

❸ **눈 옆** 눈가 바깥쪽

❹ **눈 밑** 눈 아래 2.5센티미터 지점

❺ **코 밑** 코와 입술 중간 지점

❻ **입술 아래** 아랫입술과 턱의 중간 지점

❼ **쇄골** 흉골 위 오목한 부분 아래로 2.5센티미터, 다시 양쪽으로 2.5센티미터 벗어난 지점

❽ **겨드랑이 아래** 옆구리 가운데를 지나는 가상의 수직선이 유두를 지나는 수평선과 만나는 지점

❾ **명치 옆** 유두 아래 2.5센티미터 부위 (여자들의 경우, 브래지어 유방 부분의 하단 가장자리가 가슴과 만나는 곳)

❿ **엄지** 엄지손톱의 몸 쪽 모서리

⓫ **검지** 검지손톱의 엄지 쪽 모서리

⓬ **중지** 중지손톱의 엄지 쪽 모서리

⓭ **소지** 소지손톱의 엄지 쪽 모서리

⓮ **손날** 태권도에서 손날로 격파할 때 격파 대상에 손이 닿는 지점

⓯ **손등점** 약지와 소지가 만나는 부위에서 1센티미터 안쪽 지점

● 위의 타점들은 꼭 정확히 두드리지 않아도 효과에는 큰 영향이 없으므로, 위치를 찾는 데 너무 신경 쓰지 않으셔도 됩니다.

두드리는 방법

1. 검지와 중지를 가지런히 나란하게 모아서 두 손가락으로 두드린다.
2. 타점 중에서 일부는 대칭적으로 신체 좌우에 위치하는데 어느 쪽을 두드려도 상관없다.(양쪽을 다 두드려도 됨)
3. 가슴압통점은 두드리지 말고 양손 손가락으로 넓게 문지른다.
4. 두드리는 손은 좌우 어느 쪽이든 편한 손을 사용한다.

EFT 실습

먼저 내가 해결하고 싶은 증상이나 문제를 한 가지 택한다.

육체적 문제의 예) "왼쪽 어깨가 쑤신다."
심리적 문제의 예) "내일 발표를 망칠까봐 두렵고 긴장된다."

문제를 택한 후에는, 그것으로 인해 불편한 정도를 확인한다. 불편한 정도(고통지수)는 0에서 10 사이의 숫자로 등급을 매기는데, 0은 아무런 불편함 없이 편안한 상태이고 10은 도저히 감당하기 힘들 정도의 불편함 또는 고통이 느껴지는 상태다. 어렵게 생각할 것 없이, 그저 자신의 주관적 느낌을 따라 등급을 매기면 충분하다.

고통지수의 예) 견디기 힘든 정도는 아니지만 불편함을 분명하게 느낀다면 고통지수는 5.

이제 본격적으로 문제를 해결하는 과정을 시작한다. 선택한 증상이나 문제를 아래 문장의 빈칸에 넣는다. 이것을 수용확언이라고 한다.

"나는 비록 _____ 하지만, 깊게 완전히 나 자신을 받아들입니다."

수용확언의 예) "나는 비록 왼쪽 어깨가 쑤시지만, 깊게 완전히 나 자신을 받아들입니다." / "나는 비록 내일 발표를 망칠까봐 두렵고 긴장되지만, 깊게 완전히 나 자신을 받아들입니다."

그리고 가슴압통점을 가볍게 문지르거나 손날을 두드리면서, 완성된 수용확언을 3회 소리 내어 반복한다.

그런 후에, 문제나 증상을 짧게 줄인 말을 소리 내어 반복하면서 EFT의 각 타점들을 5~7회씩 연속적으로 두드린다. 여기서 짧게 줄인 말을 연상어구라고 한다.

연상어구의 예) "왼쪽 어깨가 쑤신다" / "내일 발표를 망칠까봐 두렵다"

타점을 두드리는 순서는 다음과 같다.
— 눈썹, 눈 옆, 눈 밑, 코 밑, 입술 아래, 쇄골, 겨드랑이 아래, 명치 옆, 엄지, 검지, 중지, 소지, 손날
타점을 전부 두드리고 나면 좌뇌와 우뇌를 조화시키는 뇌조율 과정

을 시행한다. 뇌조율 과정을 하는 동안에는 손등점을 계속 두드린다.

뇌조율 과정이 끝나면, 타점을 연속으로 두드리며 연상어구를 반복하는 과정을 한 번 더 시행한다.

이상으로 EFT 1회전을 끝마쳤다. 1회전이 끝난 후에는 처음에 매겨 두었던 고통지수와 현재의 고통지수를 비교해본다. 숫자가 달라지지 않은 경우에는 수용확언을 좀 더 구체적인 표현으로 바꾸어서 전 과정을 다시 반복한다.

수정된 수용어구의 예) "나는 비록 왼쪽 어깨가 바늘로 콕콕 찌르는 듯이 쑤시지만, 깊게 완전히 나 자신을 받아들입니다."

고통지수가 0이 될 때까지 EFT 과정을 반복한다. 고통지수가 0이 되면 다른 문제나 증상에 EFT를 적용해본다.

EFT의 자세한 원리와 고통지수를 0으로 만드는 다양한 기법에 대해서는 〈개정판 5분의 기적 EFT〉(김영사,2017)와 작가 블로그(blog.naver.com/hondoneft)를 참고하기 바란다.